ゼロからのチャレンジ
はじめての合唱指導
わかりやすい理論とアイディア

椿野伸仁

音楽之友社

心が響き合う瞬間はあなたがつくる

合唱はすてきです。
みんなの心が一つになるから。
合唱はすてきです。
すてきな出会いがあるから。

キラキラ輝く子どもたちの歌声はすべての人に感動を与えます。
あんなふうに指導ができたらいいなあ……。
でもそう簡単にはできないだろうなあ……。
何から始めればいいのだろう……？

　そんな思いを持ちながらも勇気をもって一歩を踏み出そうとしている先生方、そして、一歩は踏み出してみたけれど多くの課題にぶつかってなかなか前へ進めない先生方、ぜひ本書を活用してみてください。
　小さいけれど、きっと問題解決のためのヒントや勇気の糧を見つけていただけると思います。
　はじめからパーフェクトな指導など誰にもできません。
　大切なことは常に悩み、その悩みを解決するために前向きに挑み続けることです。
　そして勇気をもって先輩の先生方に直接アタックすることです。

　子どもたちの合唱を育むのは先生方の探求心です。
　子どもたちの合唱を伸ばすのは先生方の熱い心です。

　心に響き合う最高の瞬間を子どもたちと共につくり上げましょう。

本書の特徴

　①子どもたちの合唱が変わるスキルやアイディアを「歌声づくり」「ハーモニーづくり」「曲づくり」の三つの領域に大別して示しています。
　②できるだけ具体的な指導ができるよう、実際の「指導のことば」を掲載しています。
　③低学年の子どもたちが身につけるべきスキルを具体的に示しています。
　④合唱指導の順序を分かりやすく紹介しています。

目次

まえがき　心が響き合う瞬間はあなたがつくる　　　　　　　　　　　　　　3

第Ⅰ章　輝く歌声が生まれるよ　声づくりのポイント　　7

1　地声よさらば！　「地声」から「歌声」へのアプローチ　　8

1. 「おはようございます」で歌声を変えよう　　　　　　　　　　　　　8
2. 「寒い日の息吹き」で歌声を変えよう　　　　　　　　　　　　　　　9
3. 「1、2、3、ハッ」で歌声を変えよう　　　　　　　　　　　　　　10

2　呼吸と共鳴のポイント　豊かな歌声のために　　12

1. 「声はおなかから」ってホント？　　　　　　　　　　　　　　　　12
2. 「おなかの支え」って何？　　　　　　　　　　　　　　　　　　　15
3. 「支え」ができると、どうしていいの？　　　　　　　　　　　　　18
4. 腹筋運動で「支え」ができますか？　　　　　　　　　　　　　　　20
5. 「支え」ができているか確かめるには？　　　　　　　　　　　　　21
6. 「鼻の響き」で歌声が変わる？　　　　　　　　　　　　　　　　　22
7. 「頭の響き」で歌声が変わる？　　　　　　　　　　　　　　　　　23
8. 「胸の響き」で歌声が変わる？　　　　　　　　　　　　　　　　　24
9. 「首の響き」で歌声が変わる？　　　　　　　　　　　　　　　　　25

トピックス 1　口は大きく開ければ開けるほどいいの？　　　　　　27

第Ⅱ章　美しいハーモニーが生まれるよ
耳づくりのポイント　　29

1　ハーモニーを育てるには「耳」を育てよう　　30

1. 同じ音が出せるかな？　　　　　　　　　　　　　　　　　　　　　31
2. よく聴いて答えてみよう　　　　　　　　　　　　　　　　　　　　32
3. 「わらべうた」を歌ってみよう　　　　　　　　　　　　　　　　　34
4. 「わらべうた」をドレミで歌ってみよう　　　　　　　　　　　　　38
5. 「わらべうた」をカノン（輪唱）にしてみよう　　　　　　　　　　39

6．ハンドサインにチャレンジしてみよう	40
7．ハンドサインで音の重なりを楽しもう	42
8．「パートナーソング」や「ヨーロッパのカノン」にチャレンジしてみよう	44
9．合唱の扉をたたいてみよう	47
10．ようこそ合唱の世界へ	50

トピックス2　「わらべうた」はすごいぞ！　51

トピックス3　ハンドサインはすぐれもの　57

2　ハーモニー感をつけるための工夫　59

1．「ミ」探しゲーム　59
2．「しりとり」ゲーム　60
3．「音抜き」ゲーム　61
4．歌の中でのハーモニーづくり　61

トピックス4　音叉はすぐれもの　63

第Ⅲ章　感動的な作品につくり上げよう
曲づくりのポイント　65

1　合唱練習の前に　66

1．はじめての作品との出合いを大切に　66
2．まずは全員で主旋律を歌おう　67
3．パート分けをどうするのか　68
4．並び方をどうするのか　70

2　合唱表現を磨く　72

1．「音取り」ができた……。その次は？　72
2．「指導のことば」は「魔法のことば」？　80

トピックス5　「選曲」は命の次に大切!!　86

第Ⅳ章　合唱名人への道　　89

1　指導の腕を上げよう　　90

 1．合唱はすてきだ　　90
 2．理想的な合唱をつくり上げるために　　90
 3．指導技術を高めるには　　90
 4．「名人」もはじめは「初心者」だった　　91
 5．ピアノは弾けなくても合唱指導はできる　　91
 6．勇気をもって一歩踏み出そう　　92
 7．一歩を踏み出したあなたへ　　92
 8．失敗から学ぼう　　93
 9．成功から学ぼう　　94
 10．笑顔は最高の準備　　94
 11．「二者択一」は効果絶大　　95
 12．低学年こそ磨こう「声」「耳」「心」　　96
 13．男の先生の最大の武器は「裏声」　　96
 14．指示もハンドサインで　　97
 15．見えないものを工夫して伝えよう　　97
 16．ポートフォリオ（足跡）を残そう　　98

巻末資料　　99

 ● 「ひとりでさびし」「いちばんぼしみつけた」　　99
 1．「わらべうた」をカノン・合唱へ　　100
  ● 「ほたるこい」2声のカノン　　100
  ● 「ほたるこい」3声のカノン　　101
  ● 「なべなべそこぬけ」2声のカノン　　102
  ● 「かくれんぼ」2声のカノン　　103
  ● 「じんじん」2声のカノン　　104
  ● Ⓐ「ほたるこい」＋Ⓑ「じんじん」パートナーソング　　105
 2．「わらべうた」によるステージング　巻末資料楽譜を使って　　106

 あとがきにかえて　　109

第 I 章

輝く歌声が生まれるよ
声づくりのポイント

1 地声よさらば！
「地声」から「歌声」へのアプローチ

　子どもたちのすき通った歌声は聞く人の心まで清らかにしてくれます。ほとんどの先生方が「きれいな歌声で歌わせたい」という願いを持っていらっしゃるのはこんな理由からでしょう。

　では、まずこの課題の解決法について考えていきましょう。「きれいな歌声を実現すること」は「地声を歌声へ変えること」と考えれば、具体的な解決の方法をすぐに見つけ出すことができます。さっそく次の三つの方法でチャレンジしてみましょう。

1.「おはようございます」で歌声を変えよう

　　　先　生「先生のまねをしてね。いくよ！」
　　　先　生「おはようございます」（地声っぽく）
　　　子ども「おはようございます」
　　　先　生「おはようございます」（裏声っぽく。男声の場合は１オクターブ上げて）
　　　子ども「おはようございます」
　　　先　生「わぁー、すごい。とってもきれい」（しっかり賞賛）
　　　　　　「どっちがすてき？」
　　　子ども「あとのほうがいいと思う」
　　　先　生「じゃあ、あとのほうの歌い方で『春がきた』を歌ってみましょう」
「春がきた」にチャレンジしよう①

「春がきた」（二長調）にチャレンジしよう②

＊「ドレミ」で歌っても「ラララ」で歌ってもOK

子どもたちはものまねが上手です。先生のまねをするだけで「声」は確実に変化します。最初に行ったのが「地声」の確認です。そして2回めは、子どもたちの「のど」に負担をかけない「頭声的」な発声法です。せっかくの「頭声的」な歌声を生かすためには、少し高めの調で歌わせる必要があります。譜例の②のように「春がきた」をニ長調で歌わせてみます。見事に子どもたちの歌声は変わります。でも「ピアノが弾けない」という声が聞こえてきそうですね。心配ありません。開始音だけを示して伴奏なしで歌わせればいいのです。

　子どもたちは「チャレンジ好き」ですから、どの高さまで出るか……チャレンジさせてみるのもおもしろいですよ。この方法は、低・中学年では効果覿面（てきめん）です。絶対成功します。が、少々調子はずれで音が上ずってしまう場合もあります。でも、とりあえず「きれい」な声が出たらほめましょう。それがたとえ1音であってもタイミングよくほめましょう。（例：「『やまにきた』の『や』がきれいだったね」）

　あとは「きれいな声」で「春がきた」を最後まで歌いきることができるようにくり返し練習しましょう。1曲できあがると、あとの指導がとてもスムーズになります。なぜかというと、他の曲を練習していて「地声」が再発したときには「春がきた」に戻ればいいからです。

2.「寒い日の息吹（いきふ）き」で歌声を変えよう

温かい息を手に吹きかけて

●のどの開きを実感しよう！

先　生「冬の寒い朝、手がこごえつきそうです。手に温かい息を吹きかけてあげましょう」

子ども「ハー」

先　生「手のひらに温かい息が届きましたね」
　　　「『ハー』って息を出したときのみんなののどは、とてもよく開いています。よく開いたのどで歌うととてもいい声が出ますよ」
　　　「先生がやってみますね」
　　　（無声音の「ハー」を、途中で母音の「ア」に変える）
　　　「みんなも、先生と一緒にやってみましょう」
　　　（出しやすい「ラ」あたりの音で）

子ども「ハー」

先　生「とてもきれいですよ」
　　　「のどの奥の感じをよく覚えておきましょう」
　　　「もう少し高い音でもやってみましょう」（高い「レ」あたり）

子ども「ハー」

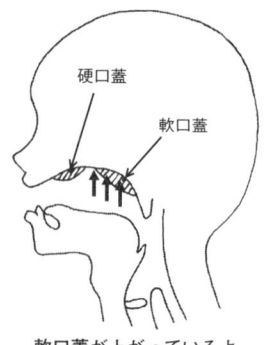

軟口蓋が上がっているよ

先　生「それでは、その声で『春がきた』を歌ってみましょう」

「寒い日の息吹き」はとても優れものです。自然と軟口蓋が上がり、「舌」の位置も理想的な場所におさまります。つまり歌うための準備が自然にできるのが「寒い日の息吹き」なのです。息吹きのポジションを保ちながら歌ってみると歌声はすぐに変わります。絶対におすすめです。

最初は出しやすい「ラ」あたりから始め、次に高い方の「レ」あたりでもやってみせます。まずは無声音の「ハー」で、歌うためのポジションを確かめます。次に有声音の母音「ア」に変えてみせます。

「寒い日の息吹き」は、のどの開きを変えないで声を出すことができるので、子どもたちにはとても実感しやすい方法です。歌う前には常に「寒い日の息吹き」を行いましょう。きっと目に見えて歌声は変わっていきます。

3.「1、2、3、ハッ」で歌声を変えよう

「ハッ」とすばやく吸い込もう

先　生「先生がやるのを見ていてくださいね」
　　　「1、2、3、ハッ」(「ハッ」のところで息を大きく速く吸い込む)
先　生「それではやってみましょう。みんなも『ハッ』のところですばやく息を吸い込むのですよ。1、2、3」
子ども「ハッ」
先　生「のどに涼しい風が来た人は手を上げましょう」
子ども「はーい」(ほぼ全員が感じられるでしょう)
先　生「じゃあ、もう1回やってみるよ。1、2、3」
子ども「ハッ」
先　生「のどに涼しい風が来た人は、手を上げましょう。涼しい風が通ったのどは、とてもいい声の出るのどになっています」
　　　「それでは涼しい風が通ったのどのままで声を出してみますよ」
　　　(「ラ」の音を弾いて)
　　　「『ア』で声を出してみましょう。さん、はい」
子ども「アー」
先　生「とってもいい声が出ましたね」
　　　「では、次はもっと高い音でやってみましょう。1、2、3」
子ども「ハッ」
先　生「高い音でもとってもいい声が出ましたね」
　　　「『涼しい風』、覚えておきましょうね」

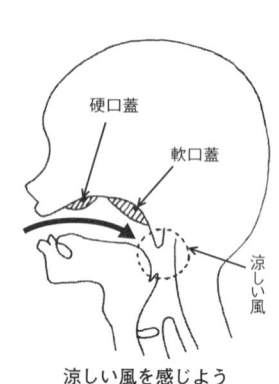

涼しい風を感じよう

「1、2、3、ハッ」だけでも、のどの奥が開いていることを子ども

10　第Ⅰ章●輝く歌声が生まれるよ

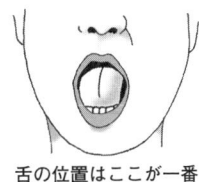

舌の位置はここが一番

たちに容易に実感させることが可能です。口の中では自然と軟口蓋が上がり、舌も下の前歯の裏側にうまくくっつく状況が生まれます。口腔内（口の中）は歌うための理想的な準備ができています。

　子どもたちにこれらの「のどを開けるしくみ」を一つ一つ説明することはとても困難で、時間もかかります。

　しかしながら、これらの方法だと体験を通して歌うための良いポジションが実感でき、実際に声を出させてほめることにより、「のどを開いたきれいな声」を短時間で習得することが可能となるのです。難しい理論を押しつけるより、シンプルに体験させて、出てきた音をほめてあげるほうが効果的です。

② 呼吸と共鳴のポイント
豊かな歌声のために

「きれいな声は出始めたけど、なんだか弱々しくて元気がない」「高い音域はきれいに聞こえるけど、力強さがない」……。こんな思いをしたことはありませんか？「美しさ」を手に入れた子どもたちの次なる課題は「豊かさ」を手に入れることです。しかし、「豊かさ」は「美しさ」ほど簡単に手に入れることはできません。ここで、先生方の選択肢は三つのうちの一つ。

選択肢　1　「全体を元気のよい地声にもどしてしまう」
選択肢　2　「高音は弱々しいが美しい歌声で、中音域から低音域は地声にもどす」
選択肢　3　「共鳴・呼吸の大切さを子どもたちにじっくり伝え、全体を豊かにする」

発表会まで時間が充分にない場合は、「選択肢1」「選択肢2」を選ばれる先生も多いでしょう。でも、せっかく「美しさ」を手に入れた子どもたちには、さらなるステップアップを促して、ぜひ「豊かさ」を習得させてほしいと思います。「豊かさ」を手に入れるためには「時間」が必要です。そして、何より自分が強い意志をもって、他の先生方に自分の「めざす歌声」を分かってもらうための努力を続ける必要もあります。

それでは、勇気をもって「選択肢3」を選ばれた先生方へ、「呼吸と共鳴」の習得方法を紹介していきましょう。

1.「声はおなかから」ってホント?

「おなかから声を出しなさい」。言うのは簡単ですが、いざ「おなかから出ている」ことを子どもたちに伝えるのはなかなか難しいものです。
それでは、今から紹介する方法で実際にアプローチしてみましょう。きっと子どもたちは「呼吸のしくみ」を短時間で理解することができるでしょう。

①ローソク消し――その1――
　　先　生「今からローソクを消します」

ローソクを吹いてみよう

　　　　「右手の人差し指がローソクです。左手はおなかに当てます」
　　　　「フッと勢いよくローソクを消してみましょう」
　　　　「おなかの動きにも注意しましょうね。さん、はい」
先　生「ローソクは消えましたか？」
　　　　「ローソク消すとき、おなかはどうなりましたか？」
子ども「動いた」
　　　　「へっこんだ」
先　生「そうですね、息を吐くとおなかが動きますね」
　　　　「歌うときも同じで、おなかから出た息に音が乗って声になるのですね」

●「おなか」を意識させよう

　「声はおなかから」を一番分かりやすく説明できるのは「ローソク消し」です。低学年でも充分に理解できます。「ローソク消し」の場合、「息を吹く」ことで「おなか」が動くことが分かればいいので、「ローソク」を消したときにおなかが「ふくらむ」あるいは「へっこむ」にこだわる必要はありません。

　とにかく子どもたちには「おなか」を強く意識させましょう。その結果として「のど」の力みがなくなり、「きれいな声」がスーッと出ることがあります。「おなか」を使うことで、「おはようございます」「寒い日の息吹き」「1、2、3、ハッ」で美しくなった声をそのままボリュームアップすることにもつながっていきます。

②ローソク消し──その２──

もっと遠くの
ローソクを吹いてみよう

先　生「ローソクの位置を口からずっと離してみましょう」
　　　　「遠くのローソクを消すとき、おなかの動きはさっきと違うでしょうか？　左手をおなかに当てて確かめてみましょう」
子ども「さっきよりよく動いた」
　　　　「もっと速く動いた」
　　　　「もっとへっこんだ」
先　生「遠くのローソクを消すには、たくさんの息を一度に出さないといけませんね。だからおなかもしっかり動くのですね」

●「おなか」の動きを確かめよう

　「ローソク」を遠ざけることにより、より多くの息を送り出すことができます。結果としておなかがよりしっかり動くことが確かめられます。このことは「寒い日の息吹き」でも確かめることができます。次の図のように、両手と口との距離を遠ざけてみましょう。子どもたちは遠くの手のひらを温めようと、さらに多くの息を吐きます。結果として、より「おなか」をしっかり使うことになります。このように

「寒い日の息吹き」は、「声の通り道」を学ぶだけでなく「呼吸」の学習にも有効な方法なのです。

距離の短い「寒い日の息吹き」　　距離の長い「寒い日の息吹き」

③ねころんで呼吸してみよう

先　生「先生と同じように仰向けにねころんで、手をおなかの上に置いてみましょう」
　　　「静かに目をつぶってみましょう」
　　　「おなかはどうなっていますか？」

子ども「動いている！」

先　生「そうですね」
　　　「呼吸をするためにおなかが動くのですね」
　　　「次は、どんなふうに動いているか確かめてみましょう」
　　　「同じように目を閉じてやってみますよ」
　　　「息を吐いているときはどうですか？」

子ども「へっこんでる」

先　生「息を吸っているときは？」
　　　「ふくらんでる」

先　生「そうですね。息を吐くときはおなかがへこんでいますね」
　　　「息を吸うとおなかがふくれますね」
　　　「人は眠っているとき、みんなこんなふうに呼吸をしているのですね」

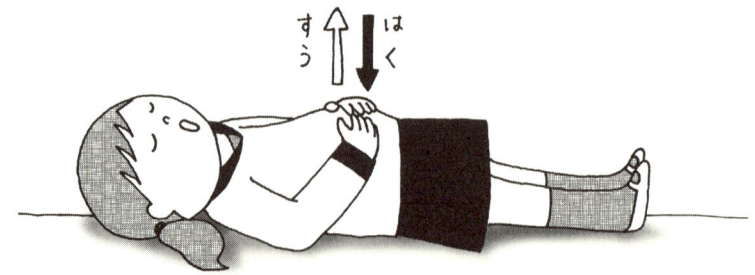

ねころんで呼吸する（吸う＝ふくらむ、吐く＝へこむ）

● 「豊かに歌う」ための「腹式呼吸」

　「声はおなかから」を意識する三つめのアプローチとして登場するのが「眠っているときの呼吸」です。眠っているときは誰もが自然と「おなかで呼吸」（腹式呼吸）をしています。「眠っているときの呼吸」を体験しながら、「歌うためのエネルギー」である「息」が「おなか」から生まれていることを子どもたちに体感させましょう。そして「腹式呼吸」が、「豊かに歌う」ためのとっても大切なポイントであることを伝えていきましょう。「腹式呼吸」ができると、

　　①声の音量を増すことができる
　　②「音程」を一定に保つことができる（「おなかの支え」ができる）
　　③フレーズを歌いきるための「息のコントロール」ができる
　　④高音の輝きを増すことができる
　　⑤音域を広げることができる（高音域）

　このように「声はおなかから」を学ぶことで、歌声は確実に豊かさを増していくのです。

2.「おなかの支え」って何?

「おなか」を確かめよう

　「おなかの支え」ということばをよく耳にしますが、いざ説明するとなるとむずかしいですよね？　それでは、「支え」をみなさんに体験していただきましょう。

● 音を短く区切ってみよう（スタッカート）

　高い「レ」くらいの音を「ハッ、ハッ、ハッ」とスタッカートで歌ってみましょう。そのとき、手のひらをおなかに当てておきます。声を出した瞬間におなかが「キュッ」と引き締まるのが分かりますか？　この「キュッ」と締まった瞬間が「支え」のできた瞬間です。

● 音を長く延ばしてみよう（ロングトーン）

　「ハッ、ハッ、ハー」と、今度は最後の音を長く延ばしてみましょう。「誰が一番長く延ばせるか」やってみても楽しいですね。

　同じく、手のひらはおなかに当てます。どうですか？　長く音を保とうとしているとき、「おなか」に力が入って硬くなっているのが分かるでしょう。このときも「支え」が生まれているのです。

　こんなふうに「支え」ができることにより、息を短く切ったり長く延ばしたりと、「息」を自在にコントロールできるようになるのです。この**「息のコントロール」**こそが、豊かな演奏を実現するための重要なスキルとなります。それでは「支え」を習得するための具体的な練習方法を紹介してみます。

① 「スタッカート」の練習法

　「アマリリス」や「きらきらぼし」などの曲に合わせてのスタッカート練習はとても有効です。

　でも、ピアノが苦手で……、という声が聞こえてきそうですね。大丈夫です！　そんなみなさんには、次に紹介する「指１本」でできる「スタッカート練習法」をおすすめします。

　いずれの場合も、おなかに手を当てながら開始音を半音ずつ上げていきます。歌詞をそのまま使ってもいいですし、「ハッ」で歌ってもかまいません。子どもたちには「声を出すのと同時におなかが動く」ことを常に実感させながら実施しましょう。「おなか」を上手に使っている子どもたちの腹筋は、冬の寒い時期なら３分ぐらいでホカホカになります。「息」が「おなか」で生まれていることを実感できる瞬間でもあります。

●超簡単「１本指」練習法
・例えば、下の譜例のように二つの音を使って練習します。
・開始音を半音ずつ上げて、目指す高さまで子どもたちを誘導します。
・開始音は「ラ」くらいからが適当でしょう。

●有効な「指導のことば」

> ・おなかに手を当てて
> ・おなかで音を切って
> ・おなかがしっかり動いてる？
> ・目もパカーッと開けよう
> ・口もパカーッと開けよう
> ・首から上の穴を全部開けよう
> ・お尻の穴をぎゅっと締めて‼

　高い「ミ」「ファ」「ソ」あたりを目標に練習してみましょう。

　６年生の男子は、夏休みが終わったころから「変声」した子どもが目立ってきます。変声期は無理をさせずに、できれば裏声（ファルセット）でみんなと同じ音域で歌うよう指導しましょう。うまくいかない場合は無理をせず、変声した声で練習に参加させましょう。

　変声した男子をどう歌わせるかということについては諸説あります。ドイツの名門・レーゲンスブルグ大聖堂少年合唱団のビュヒナー先生のように「変声がはじまると１年間はまったく歌わせない」という対応から、日本の学校教育のように「歌える音域で無理なく歌う」まで様々です。

● 簡単なメロディーを使って

譜例「アマリリス」（フランス曲）

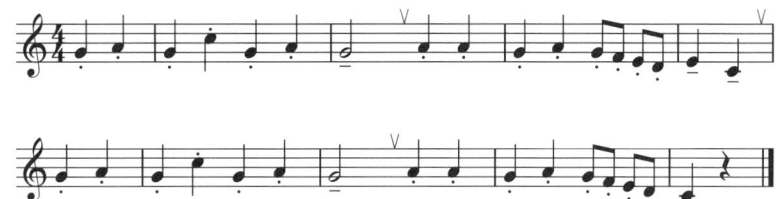

・スタッカートで実施しましょう。最初の２小節だけを使用してもよいでしょう
・開始音を半音ずつ高くしていき、どこまで歌えるかチャレンジ
・「ドレミ」（階名唱はソ・ラ・ソ・ド・ソ・ラ・ソ）で歌ってもいいし、「ハ」「ヒ」「ホ」等で歌っても楽しい
・発想を変えて、レガート唱「ルー」にもチャレンジ

譜例「きらきらぼし」（武鹿悦子作詞・フランス民謡）

②「ロングトーン」の練習法

　　「ロングトーン」とは、文字通り**「音を長く延ばす」**ということです。
　まず「夕やけ小やけ」の最初のフレーズを歌ってみます。「♪ゆーやけこやけでひがくれて」。次に、手のひらをおなかに当てて「ゆうやけこやけでひがくれて」と歌い、最後の「て」の音を息がなくなるまで延ばします。もう出す息がないという瞬間に、おなかをゆるめます。すると「おなか」が自然とフーッとふくらみ空気が入ります。
　つまり息を吐ききれば、次の瞬間に息が自然と入って来るのです。「呼吸」という文字をよく見てみると、「呼気」のほうが先に書かれています。実は「吸う」より「吐く」を意識したほうが、自然な呼吸ができるのです。よく「息をいっぱい吸い込んで」と大げさに息を吸わせている光景を見ますが、実は息は胸あたりの浅い所までしか入っておらず、残念ながら歌うために有効な「腹式呼吸」が実現できていないのです。まず、先生が体験してみてください。先生方には「クロールの息つぎ」といえば分かっていただけるでしょう。そうなのです。クロールの息つぎでは顔が水面に出た瞬間に、息を「パッ」と吐いています。次の瞬間には意

識をしなくても、空気を吸っています。「息を吐くと空気が入る」。これこそが、「呼吸法」を子どもたちに伝えるコツなのです。

譜例「夕やけ小やけ」（中村雨紅作詞・草川信作曲）

※原曲にフェルマータは付いていません

3.「支え」ができると、どうしていいの？

「支え」の効能を以下に示しておきます。一人一人が少しずつでも「支え」を意識すれば、50人が歌えば50倍のすてきな音楽が生まれます。歌唱指導の一つのポイントは、一人一人に、小さくてもいいから変化を生み出すことです。

①高い音をしっかり出すことができます

歌っていて気がつくと思いますが、ほとんどの作品は「曲の山場（サビの部分）」に高い音域が使われます。ですから高い音をしっかりと歌いきるということは、その作品の持ち味を生かすことになるのです。逆に「曲の山場」を歌いきることができなければ、その作品の持つ感動的な部分を生かしきれず、結果として人々の心に届く演奏にはなりません。

のどを開いて「地声」が「歌声」に変わってきたら、これで目標の半分は達成です。あとは「きれいだけど弱々しい演奏」をスキルアップして表現力を増すことです。そのためには「支え」は欠かすことのできない大切な要素となります。特に豊かな高音域の発声は「気合一発」では実現することはできません。

子どもたちが真剣な眼差しで、必死で歌っている姿をよく見ます。気持ちが乗っている点はすばらしいのですが、そこに確かな「スキル」があれば聴いている側により感動を伝えることができるでしょう。

高音域を豊かに歌うことでより感動的になる合唱曲を示しておきます。「支え」を意識してくり返し練習し、よりすてきな演奏をめざしましょう。

譜例「旅立ちの日に」（小嶋登作詞・坂本浩美作曲）

（原調は変ロ長調）

②長いフレーズでもしっかり歌いきることができます

　「ブレス＝息つぎ」の回数が少なければ少ない演奏ほど、やわらかく優雅な演奏になります。今、子どもたちと練習している楽譜をもう一度よくながめてみましょう。必ずブレスの記号（V）が入っているでしょう。もし先生が何も指導をしなければ、子どもたちは好き勝手に「ブレス」をします。例えば「ふるさと」の楽譜を見てみましょう。教科書では2小節が終わった後「ブレス」の記号が入っています。でもまったく「ブレス」について指導をしないで歌わせると、1小節ごとに「ブレス」をする子どもも現れます。

　演奏としては何だか「ゴツゴツ」していてなめらかでない「ふるさと」になってしまいます。では一度4小節を一息で歌いきらせてみてください。子どもたちははじめ「無理！」と口を揃えて言うでしょう。でも何度かチャレンジしている内に何人かが課題をクリアーできると、不思議なもので、子どもたちは次々と課題をクリアーしていくのです。これがなんとも学校らしいところです。全員ができなかったとしても歌声はグーンとソフトで、より思いのこもった演奏となるでしょう。ぜひ、「指導なしの状態」と4小節「ノンブレス」で歌ったときの「ふるさと」を録音し、子どもたちにも聴き比べをさせてあげましょう。「ちがい」を感じ取れることは、次へのステップアップの大きな力となります。

　「ブレスなし」の実現は、「おなかの支え」による「息のコントロール」の習得完了を意味します。簡単に達成できる課題ではありませんが、挑んでみる価値のある課題でもあります。いきなり「ふるさと」の「4小節ノンブレス」は難しいので、先に述べた「夕やけ小やけ」などとも組み合わせてチャレンジしてみましょう。

譜例「ふるさと」（高野辰之作詞・岡野貞一作曲）

③音の強弱や高低のコントロールができるようになります

　「表現の工夫」の大きな要素として「音の強弱」があります。まさに「音の強弱」は「おなか」から供給される「息の量」によって決まります。これは、吹奏楽器の場合も同じでしょう。「息の量」をコントロールするためにも、「支え」はとても大切な役割を果たします。

　それから「音程が上がりきらない」演奏に出くわしたときも、私は「おなかに力を入れて」とか「お尻の穴をギュッと締めて」などの言葉でまず様子を見ることにしています。見事に音程がスーッと上がったときは、子どもたちが「支え」を意識した瞬間でもあることを伝えます。

「音程が下がる」あるいは「音程が上がりきらない」原因の一つは、「支え」の不十分さです。でも「音程」に関しては**音程感覚（音高感）**というもう一つ大切な要素があることも忘れてはいけません。これについては、あとで詳しく述べることにしましょう。

とにかく「おなかから声を出そう」とよく言われるのには、こんな理由があったのです。

4. 腹筋運動で「支え」ができますか?

「上体起こし」、いわゆる「腹筋運動」では、残念ながら声楽的な「支え」は生まれません。なぜなら、例えば腹筋100回を軽々とこなしてしまう運動部員のみなさんに集まっていただき、歌を歌っていただいたとしましょう。みなさんから理想とする歌声が生まれると思いますか？

歌を歌うときに必要な「腹筋」は、体育的な「腹筋」とは少し違うものなのです。どちらかというと、「呼吸」をスムーズに行うための「おなかの動き」と考えたほうがいいと思います。ですから「スタッカート」「ロングトーン」などを意識的に指導の中に加えていくことで、子どもたちに「声はおなかから」を意識させることが「支え」の実現につながっていくと思います。

ここでもう一つ「支え」を習得するための練習方法を紹介しましょう。なるほど、子どもたちにとって「スタッカート」や「ロングトーン」の練習は「支え」を学ぶために有効なのですが、現場からは「なかなか時間が取れない」「すぐに飽きてしまう」などの声が聞こえてきます。そこで、実際の作品を使った練習方法も示しておきましょう。

まず練習の題材となる歌を見つけます。題材を選ぶ条件は「曲の山場で高音域の続く歌」です。適切な歌が見つかったら、ブレスの回数をできる限り減らして歌いきる練習を重ねます。サビの部分で高音域が続く歌を歌いきるためには「支え」＝「呼吸法」がしっかりできていることが条件となります。

以下、未来の子どもたちに残したい名曲「夕日が背中を押してくる」を例にとって説明しましょう。

譜例「夕日が背中を押してくる」（阪田寛夫作詞・山本直純作曲）

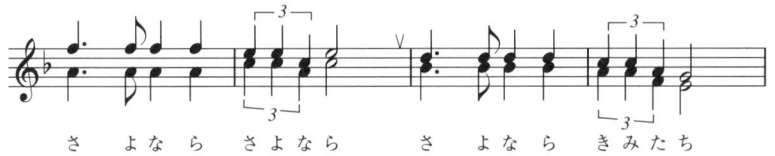

さ　よなら　さよなら　　さ　よなら　きみたち

練習の目標は、譜例の部分をブレス1回で歌えるようになることです。

二人組で確かめよう

ブレスの位置は「さよならさよなら」の後です。自分の「おなか」に手を当てて「ブレス」を確かめるように伝えましょう。二人組で「ブレス」を確かめることもできます。

この練習をする前には必ず「寒い日の息吹き(いきふき)」「1、2、3、ハッ」などで「地声」を「歌声」に変えてから始めましょう。

この練習は、「音域を広げる」練習にもなります。「のど」に力を入れず「おなか」を意識してチャレンジしてみましょう。「歌詞」で歌ってもいいですが、「マ」「ノ」などで歌うのも効果的です。「何回練習すればいいか？」とよく質問されますが、少なくとも2～3度はくり返して練習しましょう。くれぐれも「儀式」にならないように、常にことばかけをして「声はおなかから」を確かめながら実施しましょう。

5.「支え」ができているか確かめるには?

「支え」は外から見えませんが、「支え」＝「呼吸法」と考えれば、簡単に確かめることができます。先ほど紹介したスタッカートやロングトーンの練習を実際に行ってみてください。先生方も常に自分のおなかに手を当てて、「支え」を確かめながら進めましょう。「おなかといっても、どのあたりに手を当てればいいでしょうか？」という質問もよく受けます。経験上、「おへそ」あたりを目安にするといいでしょう。

どんなふうにして確かめるかというと、スタッカートであれば「声を出す瞬間」におなかが動いていればOK。ロングトーンであれば「音を出している瞬間」におなかが「キュッ」と締まっていればOKです。

もう一つチェックすることがあります。次の図を見ながら自分でもやってみましょう。まず、おなかに手を当てて「スーッ」とゆっくり息を出しながら、息が完全になくなるまで続けます。出しきったところで、2秒ほど息を止めます。この状態が「支え」です。当てていた手をゆるめてみましょう。すると「おなか」がふくらんで息が自然に入るのが分かるでしょう。これが「呼吸の瞬間」です。「呼吸の瞬間」に「おなか」が動いていればOKです。ここまでが「**ステップ①**」です。

「おなかの支え」をよりしっかりと確認するには「**ステップ②**」に進みましょう。ステップ②では一気に息を出します。そして出しきったところで一瞬息を止めます。止まったのを確認して「おなか」をゆるめます。するとステップ①と同じように息が入ります。さらに進んで「呼吸」と「おなか」の連動を行うのが「**ステップ③**」です。このようにして「支え」を確認しながら腹式呼吸をマスターしましょう。「支え」の確認は自分自身でもできますが、二人組で楽しく実施することもできます。

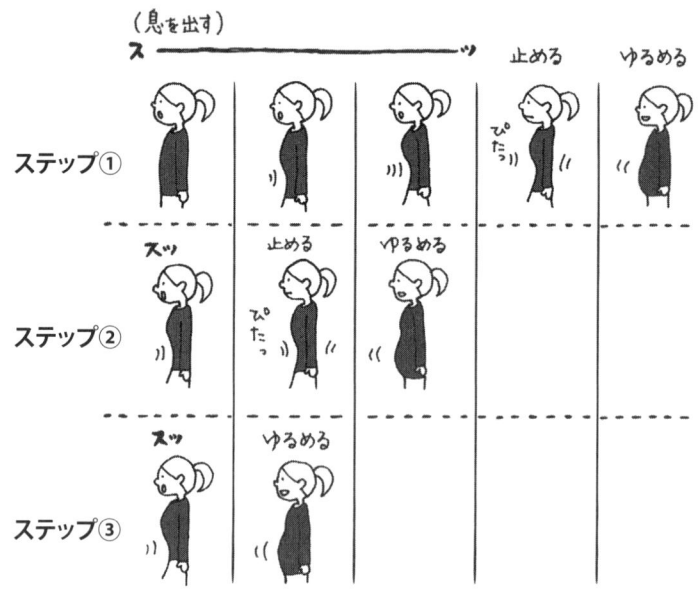

　低・中学年で実施する場合は、ステップ②から始めたほうがスムーズにいくこともあります。柔軟にチャレンジしてみましょう。

6.「鼻の響き」で歌声が変わる?

①「響き見つけ」をしよう……鼻の響き編

響き見つけ「鼻は響いているかな?」

　人間の声は、声帯を含め口の中（口腔）のみでつくられるものではありません。鼻腔、頭蓋骨も音を増幅させる大切な空間なのです。ですから音程よく「きれいな声」が出はじめたら、**「鼻腔共鳴」**＝「鼻の響き」も教えてあげるとよいでしょう。

　やり方は難しくありません。まず、ハミングで「ラ」の音を歌ってみましょう。そして子どもたちにこんなふうに語りかけてみましょう。

先　生「口の中を大きくして唇を閉じて声を出すことを『ハミング』と
　　　　いいます。でも、ほっぺをふくらませる必要はありません」
　　　「では、ハミングで音を出してみましょう」
　　　「顔の中でビビビと響いている場所があります」
　　　「自分でさわって見つけてみましょう」
子ども「ほっぺ」「鼻」「おでこ」……。
先　生「○○さんが『ほっぺ』と言っています。みんなで確かめてみま
　　　　しょう……。○○さんは『鼻』と言っています。みんなで確か
　　　　めてみましょう」

　子どもたちから出た「響きのポイント」を実際にみんなで確かめてみましょう。まずは、声が出ているときには顔のいろいろな部分が「響い

ている」ことが分かればOKです。

　そして最終的には、「小鼻」から「鼻のつけ根」あたりの響きを感じ、「鼻腔共鳴」へと進むきっかけができれば大成功です。

　次に「カゼをひいたときのように、鼻声でしゃべってごらん」と語りかけてみましょう。クラスで一人か二人できる子どもがいると思いますので、その子をほめたたえましょう。あとは、その子のまねをさせればいいのです。誰もできないときは先生の出番です。勇気をもってやってみましょう。とにかく、ことばに敏感に反応し、勇気をもってすぐまねられる子どもたちに育てておくことがすべての「学び」の効率を上げるベースとなります。**「学ぶことはまねること」**は大切な教育メソッドであることを常に意識して指導に向かいましょう。さあ「鼻の響き」を感じた子どもたちへ、次のことばを投げかけておきましょう。

　「次からは鼻の響きも使いながら歌っていきましょうね」

②「鼻の響き」＝「鼻腔共鳴」で何が変わりますか？

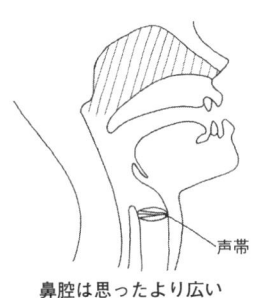
鼻腔は思ったより広い

　カゼをひいて鼻が詰まっているときの「鼻声」を思い起こしてください。なんとなく「ソフト」で「こもった」感じが想像できるでしょう。その通りなのです。鼻腔共鳴が習得できると、音楽が**「やさしく」「ゆたか」**になります。その上、鼻腔が響く分、音量が確実にアップします（鼻腔は思ったより広い）。「鼻の響き」がつくといいことばかりです。ただし、発音がやや不明瞭になったり、こもった感じの声になりやすいので、めざす「声」を常に意識しながら「響き」の学習も進めていきましょう。

7.「頭の響き」で歌声が変わる?

①「響き見つけ」をしよう……頭の響き編

頭は響いているかな？

先　生「先生のように頭に手を置いて、『あ・い・う・え・お』と言ってみましょう。何か気づいたことありますか？」

子ども「頭が振動している」
　　　「頭が響いている」

先　生「『あ・い・う・え・お』の中で一番よく響いているのはどれでしょう？」

子ども「い」「う」……

先　生「みんなで確かめてみましょう」
　　　「『い』からやってみます」
　　　「次は、『う』です。どうですか？」

子ども「『い』のほうがよく響いている！」

　こんなふうに、母音を使って「頭の響き」を体験することができます。そして母音によって響き方が違うことを確かめることもできます。

② 「頭の響き」を知ることによって何が変わりますか？

　一番変わるのは、「**母音**」の「い」がとても「やわらかく」なることです。特に母音の「い」は「のど」に力が入りやすく、「地声」から「歌声」に変えるときに最も努力と工夫が必要な母音でもあります。

　「頭の響き」を意識するだけで、子どもたちの母音「い」は一瞬にして見事に変わり、同時に歌声全体も大きく変化します。人数が多ければ多いほど、「頭の響きの発見」の驚きや感動が大きければ大きいほど、歌声は劇的に変わります。

　試しに「夕やけ小やけ」の最後の部分「そらにはキラキラきんのほし」を歌わせてみましょう。まず「ほし」の「し」（母音「い」）を意識しないで歌わせた場合、母音「い」はのどに力が入った硬い声になります。そこで、次のような「指導のことば」をかけます。

先　生「頭の上に手を置きましょう」
　　　「ビビビと響くのを感じながら、『ほし』の『し』を歌いましょう」

　先生方は、間違いなくその違いに気づかれることでしょう。

　でもこれだけでは不十分です。次に子どもたち自身に「違い」を実感させることをおすすめします。方法は簡単。

　実際に数名の子どもたちを先生の位置に連れて来て「違い」を認識させます。次に子どもたちのことばで「違い」を「語らせる」ことが有効です。その中で「声が柔らかくなっていること」「音量が増していること」「響きがよく感じられること」などが感想として出てくれば大成功。

　さっそく画用紙に書いて貼っておきます。

掲示物の例

「頭の響き」を使うと……
・声がやさしくなる
・音が大きくなる
・広がった感じがする

　　〇年〇月〇日　3年1組

8.「胸の響き」で歌声が変わる?

① 「響き見つけ」……胸の響き編

　実は鼻や頭の他にも「響き」＝「共鳴」のポイントがあります。

　それは「胸の響き」です。みなさんもよくご存知の通り、小学生にとって低い音域（五線より下）を「地声」でなく、しかも豊かな「音量」を持って歌うことは至難の業です。そのときに「胸の響き」を使うことによってこの二つの要素をかなり補うことができます。

先　生「先生のように胸に手を当ててみましょう」
　　　「次に、『ビーッ、バーッ、ブーッ』と言ってみましょう」

胸の響きを確かめよう

　　　　「男の先生が怖い顔して『コラーッ』っていう感じで言ってみましょう。何か発見したことがありますか？」
子ども　「胸が響いている」
　　　　「胸が振動している」
　　　　「胸がビビビとゆれている」
先　生　「『ビーッ、バーッ、ブーッ』の中でどれが一番よく響きましたか？」
子ども　「『ビーッ』が一番よく響いた」
　　　　「『バーッ』が一番よく響いた」
先　生　「みんなで確かめてみましょう」

　「鼻」「頭」と同じように「胸」も響いていることを理解させるには、とてもよい方法ですので試してみましょう。この方法はウィーンオペラ少年少女合唱団のエリザベート先生に教わりました。「ビーッ・バーッ・ブーッ」のモデルを示すときには、思わず吹き出すときのように、口の中の圧力を高めて大げさに発音してみましょう。効果を確かめるためにも、男の先生がしかるときのようにできるだけ「低い声」でチャレンジさせてみましょう。

9.「首の響き」で歌声が変わる?

①「響き見つけ」……番外編

　「鼻」「頭」「胸」の響きについて話を進めてきましたが、実はこの他にも歌っているときにはたくさんの部位が響いています。「響き」の存在を体験させることで「地声」がなかなか「歌声」に変わらない状況に光明を見出せる場合があります。ということは、指導にはもちろん順序があるのですが、私たち指導者は常に様々な面から課題にアプローチできる知識・技能・柔軟性を持ち合わせておくことが大切だということです。

　ではどうして「共鳴」の指導が「地声」を「歌声」に変えたのでしょう？　答えは、「人間は同時に二つ以上のことを一度に認識しにくい」という特性があるということです。ですから「鼻」「頭」「胸」の響きを意識しようとすると、自然に「のど」の力が抜けているのではないかと思われます。とにかく方法は別にして「いい声」が出たら、すかさずしっかりほめましょう。「声」を含め「望ましい行動」をタイミングよくほめ、意欲の持続を図っていくことが目標達成への近道でもあるのです。

　さてもう一つ、意外に効果のある「響きのポイント」を紹介しておきましょう。それは「首のうしろ」です。子どもたちはまさか「首のうし

首のうしろに手を当ててみよう

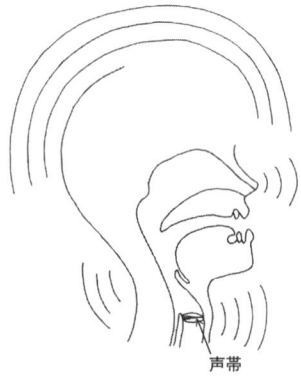

声帯

響きはこんなふうに広がるよ

ろ」が響いているとは思ってもいません。ですから、「首のうしろ」の響きを発見したときには大変新鮮な「驚き」が伴います。この「驚き」が歌声の変化を生み出す原動力となるのです。この機会に「声帯」の位置について説明をしておいてもよいでしょう。

「首のうしろ」も「頭」と同じで「響く母音」と「響かない母音」があります。「い」「う」は比較的よく響きます。それではトライしてみましょう。

先　生「鼻、頭、胸の他にもう一つ、みんながビックリするくらい響く場所があります。ヒントは、『顔』ではありません。さあ、『い』の母音を使って見つけてみましょう」

子ども「のどですか？」

先　生「よく見つけましたね。のどには『声帯』といって、響きのもとがあります。地震の震源地といっしょですね。でも、もっと違うところも響いていますよ」

（子どもたち、響きを確かめている）

子ども「首のうしろですか？」

先　生「正解です」
　　　「みんなで確かめてみましょう」

子ども「ほんとうだ」

先　生「みんなは首のうしろでも歌っているのですね」
　　　「じゃあ、首を響かせて歌ってみましょう」

「響き見つけ」は低学年でも充分に指導可能です。学年が低いほど発見の喜びにストレートに反応してくれます。生活科の感覚で「響き見つけ」にぜひチャレンジしてみてください。そして「見つけたこと」は「絵」や「文章」で学習の記録（ポートフォリオ）として残しておけば、学習の定着に大きな力を発揮すること間違いなしです。また「音」もできる限り記録しておいて、節目ごとに子どもたちの成長を確かめる材料とすればいいでしょう。

トピックス 1　口は大きく開ければ開けるほどいいの？

①「口を開ける」メリット

　「高い音」を出すためには「のどの奥」を開ける必要があります。そのためには、舌の先を下の前歯の裏側につけることが大切だということは先にも述べました。舌を前に持ってこようとすると自ずと下あごは下がります。ということは、口は縦に開くことになります。まず「口を開ける」ことは「下あごを下げること」と理解しておきましょう。

　さて、多くのオペラ歌手が、最高音（最低音）を出すときに、口を見事に縦に開いている姿をよく見かけたことがあるでしょう。これは舌の付け根（舌根）を下げてのどの空間を広げるためです。大人も子どもも「いい声を出す」ことにおいて、何ら変わりはありません。よって、子どもたちにも同じ体験をさせてあげましょう。体験の仕方は簡単です。「寒い日の息吹き」の練習を使います。こんなふうに語りかけてみましょう。

　「本当に寒くて凍えそうなんです。もっと温かい息がたくさんほしいんです」と語りかけると、子どもたちは下あごをもっと下げて必死で温かい空気を送ろうとします。この感覚を体験することは、自分の「下あご」の可動範囲を確かめる経験にもつながります。鏡でその様子を確かめさせてみましょう。きっと子どもたちは「すごーい」「開いている」と自分の口形に満足するでしょう。

　このときの指導のポイントは「舌の先を下の前歯の先につける」ことです。舌が奥に引っ込んでしまっては意味がありません。(11ページ参照)

　でもやたらに「開ければよいか」というと、そうではりません。実際に自分でもやってみてください。ある角度以上に「下あごを下げる」＝「口を開ける」と、逆にのどに力が入るのが分かるでしょう。また、開けすぎると首のうしろ側に無理な力が加わり、理想とする歌声は生まれないでしょう。

　口形一つにしても「自らの体験を通しながら」「自ら確認をしながら」一歩ずつ理想に近づける必要があるのです。そして「音」という「見えないもの」をいかにして「見せる」かということを意識することが、私たち指導者の務めでもあります。

舌の先が下の前歯に触れるように

②低学年でもバッチリ「耳のポケットの不思議」

　「口を開けなさい」「口を開けると、いい声が出るよ」と子どもたちに伝えても、なかなか全員の口が「パカーッ」と開くことは難しいです。でも、低学年の子どもならほとんどが「パカーッ」と見事に口を開ける方法があります。それは、「耳のポケット」の存在を伝えることです。

次のように子どもたちに語りかけてみましょう。

先　生「耳たぶのうしろのあたりに、口を開くとへっこむ場所があります」

「こんなふうに人差し指をつけて試してみましょう」

「へっこむ場所を『耳のポケット』といいます」

「鏡がなくても耳のポケットに指が入っていれば、口が開いているかどうかを確かめられますよ」

子どもたちは、さっそく「耳のポケット」を探します。そして「見つけた！」「あった！」と大喜び。次の指導からはたくさんの「ことば」で「口形」について注意をしなくても「耳のポケットに指を入れて」というだけで口が「パカーッ」と気持ちよく開きます。自分たちが発見したり納得したことは、すぐに「絵」に描いて見える所に貼っておきましょう。

「耳のポケット」見ーつけた！

③ピアノのふたを開けてみよう

「口を開けることのメリット」をさらに意識づけるために、こんな体験も有効です。

先　生「ピアノのふたを閉めて音を出してみますよ」

「よく聴きましょう」

（ピアノのふたを閉じたまま音を出す）

「次に、ピアノのふたを開けて音を出しますよ」

「どんな違いがあるかよく比べてみましょう」

（ピアノのふたを開けて音を出す）

子ども「開いたときのほうが、音が大きい」

「開いたときのほうが、広がった感じがする」

「開いたときのほうが、響いた感じがする」

先　生「口も開いた方が、いい声が出る理由が分かったでしょう。他に、スピーカーやラッパも音が出る方向に開いているでしょう」

「他にも開いているものあるかな？」

「口が開いている」のを確かめる手っ取り早い方法は、なんといっても「鏡」で自分を見ることです。そして鏡がなければ友だちと確かめ合うことです。とにかく「視覚」に訴えることは、抽象的な「音楽」を指導する場合にはとても有効な手段だといえます。様々なアプローチで「口形」の指導をしていくわけですが、やはり最後はメンタル面へのアプローチです。「開くことのメリット」や「開く方法」をいくら教えたとしても、子どもたちが「開こう」という気持ちにならない限り「パカーッ」と開いた状況は望めません。常に子どもたちに寄り添い、子どもたちとの信頼関係をつくり上げることはもちろんですが、何でも恥ずかしがらずにできる「クラスづくり」も目標達成には大切な条件となります。

ピアノの蓋を開くとよく響く

ピアノの蓋を閉じると響かない

第Ⅱ章

美しいハーモニーが生まれるよ
耳づくりのポイント

1 ハーモニーを育てるには「耳」を育てよう

●ハーモニーを育てるために

「輝く歌声」を実現するための条件が「のどのリラクゼーション」「呼吸」「共鳴」だとすると、「美しいハーモニー」を育てるための条件はただ一つ「**耳を育てる**」ことです。「耳」＝「**音程感覚**」ということもできるでしょう。正しい「**音程感覚**」は正しい指導を重ねることによって必ず実現することができます。そのためには、教える側の「耳」も鍛える必要があります。子どもたちの「耳」が育つと、「美しいハーモニー」は必ず実現できます。

> 輝く歌声　＋　美しいハーモニー　＝　心に響く合唱

それではまず、「音程感覚」を育てるための指導の段階を見ていきましょう。

●「音程感覚」を育てる10のステップ

> 1．単音の模倣
> 2．2音の模倣や応答ができる
> 3．「わらべうた」が正確に歌える
> 4．「わらべうた」を階名模唱で歌える
> 5．「わらべうた」のカノンができる
> 6．ハンドサインが分かる
> 7．ハンドサインで音の重なりを楽しめる
> 8．パートナーソングや「カノン」が歌える
> 9．オブリガートつきの合唱曲・部分二部の合唱曲が歌える
> 10．2部・3部合唱曲が歌える

1. 同じ音が出せるかな？

「先生と同じ音を出せるかな？」

先　生「先生と同じ音、出せるかな？」
　　　　「先生がやってみますから、よく聴いていましょうね」

「ラ」の音をピアノでたたいて、先生がピアノと同じ高さの音を出して見せます。間違いの例も必ず示しましょう。「同じ音」という概念をしっかり持たせた上で、いよいよスタートです。

先　生「一人ずつやってみましょう。先生と同じ音を出してね」
先　生「ラー」
子ども「ラー」

・全員やっても時間はさほどかかりません。低学年には学期ごとに実施し、データをとっておくとよいでしょう。
・同じ高さが出せたら、「すごい！」。少し外れても一生懸命やっている子どもたちには、「おしい！」とか「もうちょっと！」と励ましのことばをかけましょう。

●子どもたちの一歩一歩を記録に残そう

　1年生に入学したての子どもたちには、「単音での模倣」は難しい課題でもあります。入学までの音楽環境、性格、その他すべての音楽体験が働いた結果として、現在があるのです。できばえは毎年違います。また、クラスによっても異なります。これまでの経験からすると、教師のモデルに対して「同じ音の高さ」で応えられる子どもは、入学時点ではせいぜい30〜40％程度です。

　でも音にこだわって指導を続けていけば、1年生の3学期ごろには90％近い子どもたちが「同じ高さ」での応答ができるようになります。**「正しい音程」**＝**「正しい音の高さの模倣・再現」**と考えれば、「先生の声」にしろ「ピアノ」「オルガン」にしろ、「同じ高さの音が出せる」ということは歌唱・合唱指導の大切な「最初の一歩」であり「最大の一歩」ともいえるでしょう。

　この一歩を大切にしつつ、子どもたちの発達をぜひ記録に残していきましょう。例えば、「同じ音が出せる」という項目を起こして「○」「△」「□」などで評価し、日付を記すだけでもいいでしょう。記録に目をやりながら、伸長が思わしくない子どもへは指導の頻度を高めたり、意図的なアプローチを増やしたり、全体指導の中でも「個人」を伸ばす工夫を重ねていきましょう。

2. よく聴いて答えてみよう

① 「ひーろこちゃん」「はーい」

譜例　「ひーろこちゃん」「はーい」

先　生「さあ、いまからみんなの名前を呼びますよ。呼ばれた人は、先生と同じ音の高さで『はーい』と答えましょう」
　　　「最初に先生がやってみます」
　　　「ひーろこちゃん」
　　　「はーい」

・先生が一人二役をこなして答え方を示します。
・先生は、「ひーろこちゃん」と同じ音の高さで「はーい」とモデルを示しましょう。まちがった答え方の例も示しておくとよいでしょう。

先　生「今度は、まちがった答え方をしますね」
　　　「ひーろこちゃん」
　　　「はーい」（わざと違う高さで答える）
　　　「どっちがよい答え方だったか分かりますか？」
子ども「最初の方」
先　生「そうですね。同じ高さで答えましょうね」
　　　「それでは、みんなで練習しますよ」
　　　「みんな『ひろこちゃん』になってね。さあ、いくよ」
　　　「ひーろこちゃん」
子ども「はーい」

・最初から一人ずつ歌わせないようにします。
・必ず到達点を理解させた上で実施しましょう。
・一人一人いろいろな「音の高さ」で答えると思います。音程感覚が未発達な子どもたちなので、ばらついても不思議はありません。何度かくり返しながら先生や友だちの声をよく聴くように促しましょう。

先　生「じゃあ、一人ずつ呼ぶよ。とーもこちゃん」
ともこ「はーい」
先　生「はーなこちゃん」
はなこ「はーい」
先　生「ひーろしくん」
ひろし「はーい」

【注】本書では、わらべうたの類の譜例に調号がついていますが、これは例えばト長調の調号がついている譜例は、階名唱の際に移動ド唱法で「ソ」の音を「ド」と読ませるための便宜的な措置です（以下同）。

●発展形

　「先生」と「子ども」の応答がうまくいくようになったら、次に子どもたちを円形に座らせてリレー形式で「○○ちゃん」「はーい」を行うのも楽しいでしょう。人数が多ければ二つの円をつくればいいし、数名のグループで行えばすぐに順番が回ってきます。

　このように子どもたちの活動を活性化する方法はいくつもありますが、学習規律が整っていない場合、音楽の時間が「生徒指導」となってしまいます。どんな場合でも、「学級づくり」と「学習規律」は学習効果を高め子どもたちの精神的な成長を促す上でもキーワードとなります。

② 「すーきな くだもの なーに？」「りんご」

譜例 「すーきなくだものなーに？」

【注】

　2音の模倣に慣れてきたら、少し進んで「果物」「色」「乗りもの」「野菜」を題材に、自分の好きなものを考えて答えるという学習です。

先　生「先生が、みんなにこんなふうにたずねます」
　　　「すーきな くだもの なーに？」
　　　「当てられた人は、『自分の好きな果物』の名前にふしをつけて答えましょう。まず、先生がやってみます」
・先生は、一人二役で応答の仕方のモデルを示します
・音の高さを揃えるようにモデルを示します
　〔例〕「すーきな くだもの なーに？」
　　　　「りんご」
先　生「それでは、みんなで練習しますよ」
　　　「みんな『りんご』と答えましょう。やってみますよ」
　　　「すーきな くだもの なーに？」
子ども「りんご」
先　生「じゃあ、こんどは一人ずつにたずねますよ」
　　　「すーきな くだもの なーに？」（一人を指さしながら）
子ども「みかん」

●「同じ高さで歌う」ことの意識づけ

　子どもたちは実に多彩な答えを出してくれます。「みかん」「りんご」など4分音符と4分休符で表すことのできる名称の他に、「もも」「パイナップル」「パパイヤ」などの答えも返ってきます。とにかく「先生」や「友だち」と「同じ音の高さで歌う」ことを意識づける指導を重ね

ていきましょう。

ここでは詳しく述べませんが、「リズム」の指導、「音符」の指導もこのあたりからスタートすると、興味と意欲をもって取り組むことができます。

●**発展形**

「先生」と「子ども」の応答がうまくいくようになったら、次に子どもたちを円形に座らせてリレー形式で行うのも楽しいでしょう。人数が多ければ二つの円をつくればいいし、数名のグループで行えばすぐに順番が回ってきます。はじめは「果物」や「乗りもの」などカテゴリーを限定するほうがいいと思いますが、少し慣れてきたらカテゴリーを複数にしてもよいのではないかと思います。

この課題を実施するときには、拍子木などで「拍」＝「テンポ」を常に刻むことをおすすめします。全員が同じ「鼓動」を共有しながら学習を進めていくことに大きな意味があるのです。

3.「わらべうた」を歌ってみよう

①「たこたこあがれ」を歌ってみよう

「わらべうた」には2音あるいは3音でできているシンプルなものがたくさんあります。これらの「わらべうた」を教材として、「先生の歌を正確に模倣（まね）する」ことをねらいとして指導を行いましょう。「正確な模倣」が完成すれば、みんなの声が一つになって聞こえてきます。特に低学年では、この「耳づくり」をていねいに指導していきましょう。

譜例「たこたこあがれ」（わらべうた）

先　生「先生が最初に歌いますから、よく聴いていましょうね」
　　　「先生の歌に続いて歌ってみましょう。まず、先生が始まりの音を出すので、みんなも同じ高さの音を出しましょう」
　　　「たー」（開始音＝始まりの音）
子ども「たー」（全員の音が揃っているか確かめながら）
先　生「『たこたこ　あがれ』ハイ」
子ども「たこたこ　あがれ」
先　生「『たこたこ　あがれ』ハイ」
子ども「たこたこ　あがれ」
先　生「『てんまで　あがれ』ハイ」

子ども「てんまで　あがれ」
先　生「『てんまで　あがれ』ハイ」
子ども「てんまで　あがれ」（正確に模倣できるまでくり返す）
先　生「それでは、通して歌いますよ」
　　　「一度先生が歌いますから、続いて歌いましょう」
　　　「『たこたこあがれ　てんまであがれ』ハイ」

●音程が取れない子どものために

「耳」が育っている子どもにとっては難しい課題ではないですが、1年生の3学期あたりでも、先生と「同じ高さ」で歌えない子どもが、多いときにはクラスに3〜4名もいます。歌えない子どもたちを劇的に変える方法はありませんが、よく歌える子どもを隣に配置したり、先生が近くで声を出したりして、あきらめずに指導を続けてゆきましょう。

特に、中学年までの指導が大切です。高学年になって自分の音が友だちの音と違うことに気づいたり、音の違いを友だちから指摘されると、その子は歌わなくなってしまいます。学年が上がるにつれて鉄棒の「逆上がり」が難しくなるのと同じで、「耳づくり」も低・中学年で系統的にじっくり取り組みたいものです。

②「なべなべそこぬけ」を歌ってみよう

譜例「なべなべそこぬけ」（わらべうた）

　　　　なべ　なべ　そこぬけ　　そこが　ぬけたら　かえりましょ

「たこたこあがれ」と同じように指導を進めていけばよいでしょう。この「わらべうた」には「遊び」がついているので、正確に歌えるようになったら「遊び」と共に歌うことをおすすめします。

先　生「『なべなべそこぬけ』を歌いましょう」
　　　（よく歌えていたら「遊び」をつけましょう）
　　　「次は、二人組になって、向かい合って手をつなぎます」
　　　「『なーべなーべそーこぬけ　そーこがぬけたら』までは、二人でつないだ手をこんなふうに横に振ります」
　　　「『かえりましょ』で同じ方向に体をねじって背中合わせになります」
　　　「先生が○○ちゃんと一緒にやってみるから、よく見ていてね」
　　　「なーべなーべそーこぬけ　そーこがぬけたら　かえりましょ」
　　　「それでは、みんなでやってみましょう」

二人組での「なべなべそこぬけ」

● 「拍」（テンポ）を示してあげよう

　「なべなべそこぬけ」は幼稚園・保育園ですでに経験している子どもが多いですが、知らない子どももいるので、一度は先生がモデルを示してあげましょう。このとき必ず拍子木などで「拍」＝「テンポ」を示してあげましょう。多くの子どもの「声」を揃えるためには、「拍」を正確に感じられる「耳」が必要です。「耳づくり」と共に「ルールづくり」（学習規律）を身につけることも低・中学年の大切な学習です。

●発展形●三人組の「なべなべそこぬけ」

　二人組の「なべなべそこぬけ」がうまくできるようになったら、次は三人組にしてみましょう。最初に先生がモデルを示して「返り方」を教えるのもいいですが、三人の知恵を結集して「考えさせる」ことも大切な学習です。そのうちに一つのグループが「できた！」と歓喜の声を上げるでしょう。できたグループをモデルにして先生が少し解説を加え、再度チャレンジさせてみます。うまくいかないグループは支援してあげます。自力でできたグループはしっかりほめてあげましょう。三人組ができると、あとはやり方は同じです。5人・10人と増やしてゆき、最後はクラス全員でチャレンジしておしまいです。

三人組の抜け方

③「ひったらふったら」を歌ってみよう

譜例「ひったらふったら」（兵庫県東播磨のわらべうた）

ひったら ふったら ちょうちん ぼ　あかぎれ こう やく きずぐすり　はったら ひりりと するわい な　するわい な

　「なべなべそこぬけ」などと同じように指導を進めていけばいいでしょう。この歌にも「遊び」（風船つき）がついています。歌いながら正確な拍で「紙風船」をつけるようになると、いよいよ歌の世界へ向けて出発の準備が整ってきます。ちなみに、大多数の子どもが「拍」に合わせて「紙風船」がつけるようになるのは、2年生も後半になった頃です。

先　生 「『ひったらふったら』を歌いましょう」
　　　　「次は、歌に合わせて紙風船をついてみます」
　　　　「先生がやるのでよく見ていましょう」
　　　　「どこで紙風船をついていましたか？」

子ども 「『ひったら』の『ひ』、『ふったら』の『ふ』です」

先　生 「そうですね。歌にうまく合うようにつきましょう」
　　　　「それでは1班の人、やってみましょう」

風船をつきながら

「他の人は、きれいに歌いましょう」

● 五音音階の「わらべうた」へ

　指導を始める際には、必ずモデルを示してから子どもたちにチャレンジさせましょう。そして全員が一度にやるのではなくて、数名ずつやらせてみてパフォーマンスの善し悪しをその都度、子どもたちと共に評価し、望ましいパフォーマンスを明確にすることが大切です。

　2音・3音の「わらべうた」をクリアーした子どもたちには、音の数を増やしながら、最終的には5音（ド・レ・ミ・ソ・ラ）からなる「わらべうた」まで進めていきましょう。「わらべうた」の音階は「ファ」と「シ」を抜いた五音音階の一種である「ヨナ抜き音階」でできています。子どもたちが「じゃんけん」をしたり「かくれんぼ」をしたりしているときも、実は「ヨナ抜き音階」の中で歌っているのです。「わらべうた」は、「子どもたちの生活の中にある音」であり、我が国の音楽文化の源でもあるのです。

ヨナ抜き音階

ハ長調

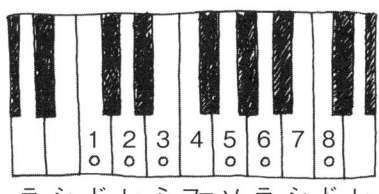

1	2	3	4	5	6	7	8
ラ	シ	ド	レ	ミ	ファ	ソ	ラ	シ	ド	レ

● 発展形 ●「開始音」（始まりの音）を高くしてみよう

　クラスの子どもたちの大多数が「なべなべそこぬけ」などの「わらべうた」を正確に歌えるようになったら、次に「開始音」を高めて実施してみましょう。子どもたちの「耳づくり」もかなり進んできているので、はじまりの音が違うだけのこの課題は容易にクリアーできるでしょう。うまくいけば1年生の後半から導入可能です。

　実は、開始音を上げる意図には、「耳づくり」の他に「声づくり」の側面もあります。開始音を上げることにより、子どもたちは無意識のうちに「高い音」に慣れることができます。「わらべうた」は「遊び」がついている場合が多いので、自然と「高い音」をクリアーしていくのです。「わらべうた」はもともとピアノやオルガンなどの伴奏楽器を必要としません。よってア・カペラで実施するとよいでしょう。

　「どのあたりの音から始めればよいか」については、クラスの実態によっても違いますが、「ラ」あたりからスタートし、半音ずつ上げていけばよいでしょう。低学年では高い「レ」あたりの音が無理なく出せるとよいでしょう。

譜例「ひったらふったら」（兵庫県東播磨のわらべうた）移調譜

ひっ たら ふっ たら ちょうちん ほ　あかぎれ こう やく きずぐす

り　はっ たら ひりりと するわい な　するわい な

4.「わらべうた」をドレミで歌ってみよう

　「わらべうた」をどんどん教えてあげましょう。「わらべうた」はくり返しが多く、歌詞も短いのですぐに覚えてしまいます。新しい「わらべうた」が正確に歌えるようになったら**階名模唱**に進みましょう。いよいよ本格的に子どもたちの「耳づくり」＝「ドレミの階段づくり」のスタートです。

先　生「『たこたこあがれ』を歌ってみましょう。はじめの音はこの音です。『たー』」

子ども「たー」

先　生「さん、はい」（開始音が正確に出せたら始める）

子ども「たこたこあがれ……」

先　生「次は、先生が『ラララ』で歌ってみます」
　　　　「みなさんも『ラララ』で歌ってみましょう」
　　　　「はじめの音はこの音です」
　　　　「ラー」（必ず開始音を示して、子どもたちに模倣させる）

子ども「ラー」

先　生「それでは、歌ってみましょう。さん、はい」

子ども（ラララで歌う）

先　生「今度は先生がドレミで歌ってみます」
　　　　「みなさんも歌詞の下に書いてあるドレミを見ながら歌ってみましょう」

子ども「レドレドレレレ・……」（歌詞の下のドレミを見ながら歌う）
　　　　（何度か練習する）

先　生「次は、何も見ないで歌ってみましょう」

子ども「レドレドレレレ・……」

● **「階名模唱」は段階的に**

　「階名模唱」は、1年生の半ばあたりから導入することができます。「わらべうた」に限らず、よく知っている歌を「ドレミ」で歌うことは、子どもたちにとってさほど難しいことではありません。

しかし、いきなり「ドレミファソラシ」の7音すべてを使うことは避けたほうがよいと思います。なぜなら、子どもたちが唱える「ド」と音程としての「ド」が結びつくことが大切な目的だからです。はじめは「ドレ」だけでできている「たこたこあがれ」、次に「ドレミ」でできている「なべなべそこぬけ」……というふうに、子どもたちが正しい音程で階名模唱を行えるよう段階的に進むのがよいでしょう。階名模唱ができると、鍵盤ハーモニカやリコーダーでも吹けるようになるので楽しいです。時にはベートーベンもいいかもしれません。

譜例「歓喜の歌」（ベートーベン作曲）（原調はニ長調）

ミ ミ ファ ソ　ソ ファ ミ レ　ド ド レ ミ　ミ　レ レ

5.「わらべうた」をカノン（輪唱）にしてみよう

　音程感覚の土台を「わらべうた」で磨いてきた子どもたち。次なる課題は「音の重なり」の体験です。ここでも、これまで使ってきた「わらべうた」を有効に活用します。ヨーロッパのカノンのような和声感はありませんが、「二つの音の重なり」は充分に体験できるでしょう。そしてこの体験が中学年以降のハーモニーの学習の基礎となっていくのです。

先　生「『なべなべそこぬけ』を歌ってみましょう」（開始音を必ず示す）
子ども「なーべなーべそーこぬけ　そーこがぬけたら　かえりましょう」（先生は、1小節遅れて小さな声で歌い出す）
先　生「何か気づきましたか？」
子ども「先生も歌っていた」
　　　「先生がちょっと遅れて歌っていた」
先　生「少し遅れて同じふしを歌うことを『輪唱』といいます」
　　　「次は、みんなが二つに分かれて輪唱します」
　　　「①グループが先に歌い始めます」
　　　「①グループが『なべなべ』と歌い終わったら、②グループが歌い始めます。両方とも2回歌います」
　　　「①グループは先に終わるので、②グループが終わるまで、最後の『しょう』を延ばしておきましょう」
　　　「交代して歌ってみましょう」

●**カノン（輪唱）の指導のコツ**
　カノン（「輪唱」は「カノン」の一種です）は後から追いかけるほうが楽に歌いきることができます。いきなり子どもたちをグループ分けせず、まず先生と子どもたちでカノンを経験しましょう。カノンが

理解できたら、子どもたちを二つのグループに分けてカノンを体験させます。つられそうな場合は、先生は助っ人に入ってあげましょう。教室の両端にグループを配置するなど、空間的な工夫が成功につながることもあります。最終目標は、隣り合っていても正確にカノンができることです。先生は必ず「拍子木」などで「拍」を示してあげましょう。最初は「たこたこあがれ」、そして「なべなべそこぬけ」や「ひったらふったら」。カノンでうまく歌えたら、「動作」（パフォーマンス）も加えながら歌ってみましょう。まるでミュージカルのようでしょう。2年生の後半あたりに動作つきの「わらべうた」のカノンが完成できればすてきです。

●発展型● ②グループはいつスタートするか？

「わらべうた」のカノンは基本的にはどこからスタートしてもかまいませんが、やはり1小節・2小節といった一まとまりの単位を基準に、スタートのタイミングを決めればよいと思います。いろいろやってみましょう。「なべなべそこぬけ」の場合、基本的には次の二つの可能性が考えられます。また、カノンの場合も開始音を高くして実施することが可能です。一つの題材をたくさんの調理法で子どもたちに届けましょう。

譜例「なべなべそこぬけ」 4小節遅れの輪唱

譜例「なべなべそこぬけ」 2小節遅れの輪唱

6. ハンドサインにチャレンジしてみよう

ハンドサインは、見えない「音」を目で見える「手の形」に置き換えたものです。見えないものを説明するのは難しいことです。例えば「匂い」「色」「感情」などを「ことば」で表わすとしても100％正確に伝えることはできないでしょう。ですからこのハンドサインは、見えない「音」を子どもたちに伝える方法として大変有効なのです。

① 「レ」「ド」のハンドサインを覚えよう

・「たこたこあがれ」（譜例34ページ）を階名模唱する

ハンドサイン「レ」

ハンドサイン「ド」

・「たこたこあがれ」を階名唱で暗唱する
・「レ」「ド」のハンドサインを見せて模倣させる

先　生「きょうは、みなさんにハンドサインを教えます」
　　　「ハンドサインは、見えない『音』を手の形で見せる方法です」
　　　「『レ』のハンドサインはこんなふうにします」
　　　「みなさんは右手でやってみましょう」
　　　（先生は子どもたちの鏡となるよう左手で行う）
　　　「『ド』はこんなふうにします。やってみましょう」
　　　「先生と一緒に『レ』と『ド』を続けてやってみましょう」
　　　（先生は歌いながら「レ」「ド」をくり返す）
　　　「それではみなさんも先生と同じ音の高さで歌いながら『レ』『ド』
　　　　の練習をしましょう」
　　　（先生は「レ」「ド」をゆっくりとランダムに示しながら、ハン
　　　　ドサインと「音」が結びつくように練習をくり返す）
・楽譜を見てハンドサインをしながら「たこたこあがれ」を階名唱する
・先生のハンドサインだけを見て「たこたこあがれ」を正確に階名唱する

② 「ミ」のハンドサインを覚えよう

ハンドサイン「ミ」

・「なべなべそこぬけ」（譜例40ページ）を階名模唱する
・「なべなべそこぬけ」を階名唱で暗唱
・「ミ」のハンドサインを見せて模倣させる
・楽譜を見てハンドサインをしながら「なべなべそこぬけ」の階名唱をする
・先生のハンドサインだけを見て「なべなべそこぬけ」を正確に階名唱する

③ 「ラ」のハンドサインを覚えよう

ハンドサイン「ラ」

・「ひったらふったら」（譜例36ページ）を階名模唱する
・「ひったらふったら」を階名唱で暗唱する
・「ラ」のハンドサインをする
・楽譜を見てハンドサインをしながら「ひったらふったら」の階名唱をする
・先生のハンドサインだけを見て「ひったらふったら」を正確に階名唱する

④ 「ソ」のハンドサインを覚えよう

・「ひいふうみいよう」を階名模唱する
・「ひいふうみいよう」を階名唱で暗唱する

ハンドサイン「ソ」

・「ソ」のハンドサインを見せて模倣させる
・楽譜を見てハンドサインをしながら「ひいふうみいよう」の階名唱をする
・先生のハンドサインだけを見て「ひいふうみいよう」を正確に階名唱する

譜例「ひいふうみいよう」（わらべうた）

ひ い ふう みい よう　いつ む　なな や　ここの と おー

●**ピアノから離れてみよう！**

　ハンドサインで学習を進めていくと教室から「私語」が消えていきます。不思議な現象です。先生のハンドサインを見ていないと、何の音を出せばよいのか分からない……、そんな緊張感があるからかもしれません。また、先生もピアノやオルガンから離れることで、ゆとりをもって子どもたちを見守ることが可能となります。アイ・コンタクトもとれるし、側に行って直接指導することも可能です。ア・カペラでの指導にはもちろん先生の正確な「耳」も必要となりますが、あらゆる面でプラス材料が期待できます。勇気をもってぜひ取り組んでみましょう。

ハンドサインを使った授業風景

7. ハンドサインで音の重なりを楽しもう

　「音の重なりのすてきさ」をより効果的に演出するために、低学年の生活科の手法で、まず「学校で一番よく響くところ見つけ」をしてみましょう。子どもたちは「体育館」とか「階段」とかいろいろ探してきます。ハンドサインの準備ができたら子どもたちと「響きのポイント」に行き「音の重なり」にチャレンジしましょう。

先　生「きょうは音の重なりについて勉強します」
　　　　「まずはウォーミングアップ。先生のハンドサインで歌ってね」
　　　　（「ファ」と「シ」を抜いた「ドレミソラ」で充分歌う）

42　第Ⅱ章●美しいハーモニーが生まれるよ

「次は、クラスを二つに分けます」
「Aグループは、先生の右手のハンドサインの音を出します」
「Bグループは、先生の左手のハンドサインの音を出します」
「それではいきますよ」
「開始音はこの音です。『ドー』」

子ども「ドー」

●先生のハンドサイン（例）

| 右手 | ド | ミ | ミ | ド | ミ | ミ | ド | ド | ド |
| 左手 | ド | ド | ミ | ミ | ミ | ソ | ソ | ミ | ド |

（両手を使っているので、足で「拍」をとりながら4拍でハンドサインを変える）

● 「音の重なりのすてきさ」の実感から合唱は始まる

　最初は同じ音程で始まり、一方のグループの音程を変えていきます。音にズレが生じ始めたら、両方の音程を同じにしてまたスタートします。練習のはじめは「ド」「ミ」「ソ」の三つの音だけで充分です。3年生の終わり頃に二つの音がピッタリとハモればしめたものです。このあとの「美しいハーモニー」は約束されたようなものです。練習の途中では、子どもたちを順番に先生の位置に立たせて「ハーモニーのすてきさ」を感じさせてあげましょう。「音の重なりのすてきさ」を実感した子どもたちは、二部合唱にアルトのパートがある必然性を理解するでしょう。「音の重なりのすてきさ」を実感せずに「合唱」「ハーモニー」へと進むことは少し乱暴だとは思いませんか？

●発展形●子どもたちどうしで「ハモる」実感を

　先生のかわりに二人の子どもを前に出し、ハンドサインをさせてみましょう。ただし、ハンドサインで使える音を「ド」「ミ」「ソ」の3音に限定します。

　グループを二つに分けて、それぞれのグループの前に一人ずつハンドサインを示す子どもを立たせます。開始音だけを同じにして、先生の指示で三つの音を自由にハンドサインで示させます。つまり先生が左右の手で示していたハンドサインを二人の子どもに分担させるのです。前に立つ子どもは得意満面の笑顔でハンドサインを示します。

　高学年になると前に立つ子どもを3人にして「三つの音の重なり」を実感することも可能です。グループを三つに分け、使える音を「ド」「ミ」「ソ」に限定します。はじめは開始音を揃えること、「ド」からいきなり「ソ」に飛ばないこと（「ソ」から「ド」にも飛ばない）を条件にするなどの配慮は必要ですが、理知的な学習と感動的な「音の重なり」の実感を得ることができるでしょう。ハンドサインは、工夫

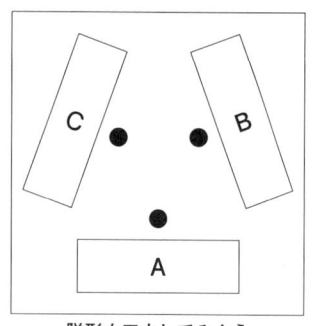

次第で「音の重なり」の実感にも大きな成果が期待できます。

Aグループ	ド	ド	ミ	ソ	ソ
Bグループ	ド	ミ	ソ	ソ	ミ
Cグループ	ド	ミ	ド	ド	ド

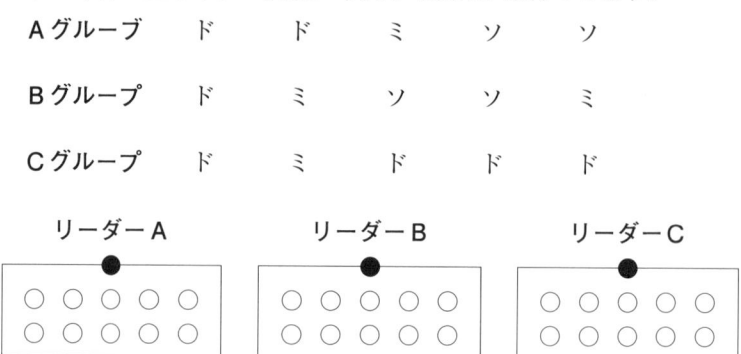

隊形も工夫してみよう

先生は拍子木で拍を示し、4拍めでハンドサインを変えるよう指示する
(「1，2，3ハイ」……。「ハイ」の合図でハンドサインを変える)

8.「パートナーソング」や「ヨーロッパのカノン」にチャレンジしてみよう

① **カノン（輪唱）**

無数にあるカノンの中から、扱いやすく質の高い作品を示しておきます。

「うたいましょう」（岡本敏明作詞・ハウプトマン作曲）

た のしく こえを そろえて うた
い ま しょう ほ が ら に

「夜が明けた」（岡本敏明作詞・フランス曲）

コッコ ケコッコ よがあけた おそらはまっかなあさやけだ
げんきよく さあとびおきて あさのあいさつ
いたし ましょう みなさんおはようございます

「Viva la Musica（音楽万歳）」（M. プレトーリウス作曲）

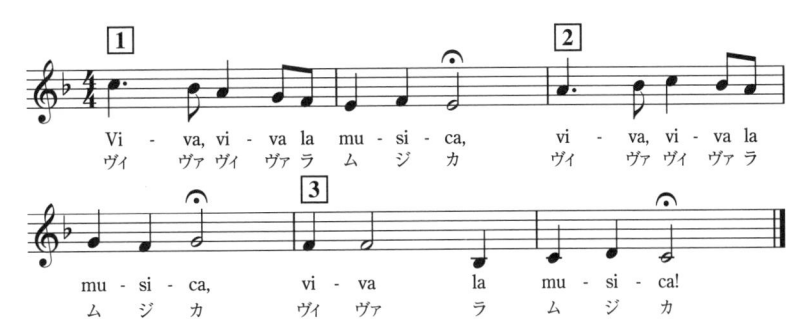

Vi - va, vi - va la mu - si - ca, vi - va, vi - va la mu - si - ca, vi - va la mu - si - ca!
ヴィ ヴァ ヴィ ヴァ ラ ム ジ カ ヴィ ヴァ ヴィ ヴァ ラ ム ジ カ ヴィ ヴァ ラ ム ジ カ

「ハレルヤ」（ヘンデル作曲）

Hal - le - lu - ja, hal - le - lu - ja, hal - le - lu - ja, hal - le - lu - ja, hal - le - lu - ja, hal - le - lu - ja, hal - le - lu - ja, hal - le - lu - ja, hal - le - lu - ja, hal - le - lu - ja, hal - le - lu - ja, hal - le - lu - ja.

「Dona Nobis Pacem（平和を我らに）」作者不明（ミサ曲より）

Do - na no - bis pa - cem, pa - cem, do - na no - bis pa - cem, do - na no - bis pa - cem, do - na no - bis pa - cem, do - na no - bis pa - cem.
ド ー ナ ノ ー ビス パーチェム パーチェム ドーナー ノ ー ビス パー ー チェム ドー ナー ノービス パーチェム ドナ ノービス パー ー チェム ドー ナー ノ ー ビス パーチェム ドナー ノービス パー ー チェム

> ●メロディーの重なりから生まれるハーモニー
>
> 　カノンは、同じメロディーが時間差をもって出発することで、ハーモニーがつくり出されるという優れものです。メロディーを正確に覚えたら、あとはチャレンジです。はじめは小節数の少ない作品を選びましょう。また、最初から三つ、四つと分けると大変なので、はじめは二つのグループによるカノンからスタートしましょう。あのモーツァルトもたくさんのカノンをつくっていますよ。

②パートナーソング

●パートナーソングって何？

　「パートナーソング」とは、「メロディーは違うけれどコード（和音）進行が同じ曲」を指します。下記の例のように、みなさんがよく知っている様々な歌を組み合わせて歌い合わせることができます。

●パートナーソングの例

> ・「ロンドン橋」＆「メリーさんのひつじ」
> ・「なべなべそこぬけ」＆「あめこんこん」
> ・「きらきらぼし」＆「かすみか雲か」
> ・「10人のインディアン」＆「空を見上げて」
> ・「野いちご」＆「雪のおどり」
> ・「かごめかごめ」＆「おちゃらかほい」
> ・「ゆき」＆「春がきた」
> ・「ほたるこい」＆「じんじん」（「じんじん」は一部リピートする）
> ＊一つの曲がパートナーソングになっているもの
> 　「小さな世界」「ねこふんじゃった」「緑のしま馬」「ウンパッパ」
> 　「パレードホッホー」「バードウォッチング」

A「ロンドン橋」（高田三九三作詞・イギリス民謡）＋ B「メリーさんのひつじ」
（高田三九三作詞・アメリカ民謡）

先　生「みんなで『ロンドン橋』を歌ってみましょう」

子ども「ロンドンばしがおちる　おちる……」

先　生「こんどは『メリーさんのひつじ』を歌ってみましょう」

子ども「メーリさんのひつじ　メエメエひつじ……」

先　生「次は先生が『メリーさんのひつじ』を歌うので、みなさんは『ロンドン橋』を歌いましょう」

　　　「一緒に歌うとどうなるでしょう？」

　　　「チャレンジしてみましょう」

　　　「みなさんの開始音はこの音です『ロー』」（子どもたち音を出す）

　　　「やってみましょう。さん、はい」

先　生「次は、先生は歌いません。みんなが二つに分かれて歌ってみましょう」

　　　「Aグループは『ロンドン橋』、Bグループは『メリーさん』にします」

　　　「Aグループの開始音は　この音です『メー』」（Aグループ音を出す）

　　　「Bグループの開始音は　この音です『ロー』」（Bグループ音を出す）

　　　「チャレンジしてみましょう。さん、はい」

●うまくいかないときのフォロー

　二つの歌をそれぞれしっかり歌えるようになってから合わせることは大前提ですが、相手につられてしまうので最初からうまくはいきません。こんなときは、グループの真ん中にキーボードやリコーダーなどを置いてメロディーを奏でてあげればよいでしょう。また、最初にリコーダー２本（キーボード２台でも可）でどんなふうに「ハーモニー」するかを聞かせることも一案です。とにかく「音の重なりのすてきさ」を感じ、合唱の世界へのあこがれを引き出すために、「成功」のためのいろいろなフォローを工夫しましょう。もちろん先生が負けそうなグループの助っ人に入ってもかまいません。

9. 合唱の扉をたたいてみよう

　カノンやパートナーソングを楽しんできた子どもたちですが、いきなり本格的な二部合唱に挑むのは少し危険です。まず、「二つの音が重なることのよろこび」を存分に感じさせることが大切でしょう。選曲としては、オブリガートつきのやさしい作品や部分二部合唱の作品を数多く体験することをおすすめします。

①オブリガートつきの作品

「流れ星ひとつ」(美鈴こゆき作詞・作曲)

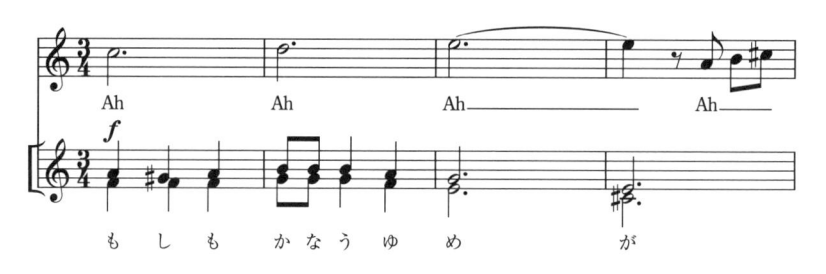

[楽譜:
上段 Ah Ah Ah Ah
下段 もしも かなう ゆめ が
上段 Ah Ah
下段 たった ひとつ なら ー]

●絶対にうまくハモる練習法

1. 全員がメロディーを覚える
2. メロディーを「階名模唱」で歌う
3. 「オブリガート」を階名で歌う
4. オブリガートを「ル」で歌う
5. オブリガートを鍵盤ハーモニカ(以下、鍵ハ)またはリコーダーで演奏する
6. 2〜3名が鍵ハやリコーダーでオブリガートを担当し、他の子どもはメロディーを歌う(質の高い音の重なりを体験する)
7. オブリガートへ数名移動(鍵ハ、リコーダーを残して)、他の子どもはメロディーを歌う
8. リコーダーを外して歌だけで合唱する

＊「オブリガート」とは、メロディーをより引き立てるために「ラ」「ル」などで歌われる副旋律のことです。

＊「階名模唱」とはメロディーを覚えた後に、歌詞の代わりに階名(ドレミ〜)でふしを歌うことを意味します。

＊オブリガートの数名は、正しく音が取れる子どもを選ぶ。順次入れ代えていく。一人で歌って歌えなくても、よく歌える子どもの側だと何とか歌える場合もある。とにかく「音の重なりのすてきさ」を、どの子にも味わってほしいと思います。

●歌って教えよう

新曲をどんなふうに子どもたちに教えていますか？
CDをかけて「覚えましょう」というのも悪くはありませんが、一

番よいのは先生が単音を弾きながらでも、歌って教えていくことです。もちろんピアノが苦手ならア・カペラでもかまいませんが、理想は「弾き歌い」です。一度全体を歌ってあげてから、続いて1フレーズずつ伝えていけばよいでしょう。音程がむずかしいところとか、音程が高くて自分では歌えない部分などは、事前に練習しておいて「ピアノ」や「オルガン」の力も借りるとよいと思います。

　より正しい音程で歌うためには階名唱から入るのが理想的ですが、それだけでアレルギー反応を起こす子どももいるので、先生が「歌って」教え、メロディーを覚えたところで、階名模唱に置き換えることをおすすめします。間違ってメロディーを覚えてしまうより、階名模唱で音程を確かめるほうがより良いハーモニーをつくるためにはかえって近道かもしれません。CDは便利ですが、覚えにくいところを反復練習すること、テンポや開始音を変えることが容易にできません。やはり人間に勝るものはありません。CDの特性はうまく利用しつつも、血の通った人間が伝えることに意義があることをお忘れなく。

●誰をオブリガートにするか？

　理想的には全員ができればよいのですが、とにかく数名ずつ歌わせてみましょう。そして余力をもって歌えているメンバーをとりあえず選びましょう。しかし、これですべてのパートを固定するわけでなく、毎回の練習のときには、全員にオブリガートの練習をさせます。先生は一人一人の学習状況をチェックしながら、「ほぼ目標到達」が確認できればどんどんオブリガートにチャレンジさせてみましょう。

　同時に一人でも正確に歌える子ども（余力あり）、友だちと二人以上なら何とか歌える子ども……、それぞれの段階を先生は的確に判断しながら、子どもたちの意欲が高まるように支援を続けていきましょう。子どもたちにとって「できた」ということは次の課題への大きなモティベーションとなります。子どもたちに「挑む心」を育て、「達成の喜び」を実感させるのが私たちの務めです。

　どのくらいの人数をオブリガートにまわすか……。これも大切なことですね。バランスは「カット＆トライ」をくり返し、先生自身の「耳」で判断していきましょう。大原則は、オブリガートは「メロディー」より大きくならないこと。「オブリガート」は、「メロディー」という主役を引き立てる名脇役なのですから、メロディーをかき消すようなことがないように気をつけましょう。

おすすめ作品

　「心から心へ」「つばめのように」「時の扉」「語りかけよう」「Let's Sing a Song」「おかあさんの顔」「ぼくのもらった時計」「マイバラード」など。

②部分二部合唱にチャレンジ

　　　　オブリガートつきの合唱作品と並行して、最後の２小節（あるいは４小節）だけが２部になっている「部分二部合唱」もどんどん歌わせていきましょう。最初はあまり複雑な音程のもの（臨時記号のつくようなもの）は避けたほうがよいでしょう。また音域はあまり低すぎない作品を選んだほうがよいでしょう。特におすすめは、世界の民謡が簡単にアレンジされている作品。世界の民謡はメロディーがよく、作品の質が高いからです。美鈴こゆきさんの作品のように、低学年から中学年を対象とした作品を提供している作曲家の作品にも注目しましょう。

おすすめ作品
　「あの雲のように」「夏の山（この山　光る）」「おくりもの」「夕日が背中を押してくる」「ほしまつり」「ハロー・シャイニングブルー」「ゆかいに歩けば」美鈴こゆき作品など。

10. ようこそ合唱の世界へ

　　　　「音の重なりのすてきさ」を感じ、「耳づくり」「声づくり」が進んできた子どもたちは、４年生の後半あたりからいよいよ本格的な合唱にチャレンジしていきます。先生は作品の難易度を見きわめて、容易にクリアーできるものからチャレンジさせてみましょう。

譜例「白い雲」（加藤洋子作詞・川口晃作曲）

第Ⅱ章●美しいハーモニーが生まれるよ

トピックス 2 　「わらべうた」はすごいぞ！

① 「わらべうた」の特性

●遠い祖先が残してくれた宝物

「わらべうた」には、子どもたちが豊かに成長するための栄養がたくさん含まれています。遠い昔から子どもたちは生活の中で「わらべうた」を歌い、語彙を豊かにし、身のこなしを覚え、社会的ルールまでも学んできました。

また「わらべうた」は私たちの大切な音楽文化であり、日本人としてのアイデンティティーをも自然に学び取ることができます。海外からお客さまがいらっしゃると、私たちは必ず「わらべうた」でお迎えすることにしています。お客さまは異口同音に「わらべうた」の多彩さに驚き、大きな賞賛をくださいます。

ところが現代の生活の中で、「わらべうた」を見つけることは至難の業でもあります。「わらべうたなんて、もうなくなった」という人さえいます。でもみなさん、よく耳をすましてごらんなさい。聞こえてきますよ「わらべうた」が。運動場の隅っこで、休み時間の廊下で……。「じゃんけんで、ホイ」（ジャンケン）、「ひろちゃん、あそぼ」（友だちへの呼びかけ）、「鬼ごっこするもん、この指とまれ」（遊びの始まり）、「大阪じゃんけん、負けるが勝ちよ」（負けるが勝ちの反対ルール）、「グッパーでなーすんで」（チームを二つに分ける）……。

「わらべうた」は今も子どもたちの生活の中に生きているのです。日本語を習得していく過程で子どもたちが自然と身につけてきた「わらべうた」。この「わらべうた」を、もっと積極的に音楽教育に活用していかない手はないでしょう。

世界の学校を巡っていると、幼児教育や小学校低学年の音楽教育では例外なく自国の「わらべうた」が教材として登場します。そして「わらべうた」を一つの「ものさし」（尺度）として子どもたちは普遍的なクラシック音楽や世界の音楽にチャレンジしていくのです。

世界に誇れる私たちの大切な宝物「わらべうた」の特徴を紹介しておきましょう。

●「わらべうた」がすごい理由

音組織がシンプル

「わらべうた」は基本的には「ド」「レ」「ミ」「ソ」「ラ」でできています。最もシンプルなものは「レ」「ド」だけでできています。

リズムがシンプル

「わらべうた」の基本的なリズムは、4分音符と8分音符からなっ

ています。スキップのリズムもありますが、子どもたちには違和感はないでしょう。

歌詞がシンプル

「わらべうた」には「毬つきうた」「お手玉うた」など長い歌もありますが、概して歌詞はシンプルでくり返しが多く、すぐに覚えられます。

動作を伴う

「手遊び」「お手玉」「毬つき」「なわとび」など、動作を伴うものがたくさんあります。

② 「わらべうた」の調理法――三つの栄養素――

●正しい音程感覚を身につけさせる題材として

まず、正確な音程感覚を身につけさせるために「わらべうた」をたくさん歌いましょう。小学校に入学したての子どもたちの半分以上は、先生と同じ音を出すことができません。シンプルな「わらべうた」を使って、みんなが同じふしを正確に歌うことを積み重ねると音程感覚が磨かれ、必ず中学年以降の学習に成果が表われます。「たこたこあがれ」などは、たった二つの音でできているので、全員合格が望める課題です。慣れてきたら毎時間、新しい「わらべうた」を教えていけばいいでしょう。伴奏が不要なので、先生も目の前の一人一人の子どもたちと向き合えます。

●歌声づくりの題材として

シンプルな「わらべうた」を「歌声づくり」にも生かしてみましょう。正しく歌いきることのできる「わらべうた」が何曲かできてきたら、開始音を半音ずつ上げていきます。音が高くなるにつれて調子外れな大声になってしまう子どもが出てきますので、「やさしい声で歌おうね」とことばをかけましょう。低学年の子どもたちは素直に反応してくれるはずです。開始音を上げることで中学年以降の「高音域の発声練習」が無理なく準備できます。また、「やわらかく自然な声」はよく溶け合う合唱への準備にもなります。

●総合力を培う題材として

シンプルな「わらべうた」を「音楽の総合力」を高めるためにも使いましょう。「わらべうた」には、「動作」を伴ったものが多くあります。歌いながら動作を行う、つまり一度に二つ以上のことを行うことには「学びの総合力」を高める効果があります。例えば、「指揮を見ながら歌う」「相手の音を聴きながら演奏する」……、これらも合唱の基礎を養うことにつながっているのです。このことは、「コダーイ・メソッド」で知られるハンガリーの音楽教育の中でも特に強調されています。

③ 「わらべうた」指導上の留意点

●**拍子木か何かで、必ず「拍」を刻んであげましょう**

「拍」は、音楽の「心臓の鼓動」です。常に「拍」の中で音楽を進めていきましょう。「拍節感」を育てることは、後々、音楽を「合わせる」ときの最も大切な要素となります。

●**ゆっくりしたテンポから始めましょう**

子どもたちが「こんなの簡単」と感じるくらいのゆったりとしたテンポから始めましょう。子どもたち全員の達成感は、次へのチャレンジ意識を喚起することになり、学習を活性化させます。

●**学びのスタートは「まねっこ」から**

まず先生の音と同じ音を出すところから始めましょう。歌い方も「まねっこ」できるといいですね。とにかく、低学年ではいいことも、そうでないことも「まねっこ」できる子どもたちに育ててほしいと思います。何にでもすぐ反応して、恥ずかしがらずにチャレンジすることが、目的達成のスキルを学びとる最も大切な要素だからです。

④ 「じゃんけん」いくつ知ってる？

「わらべうた」は子どもの生活からなくなってしまったという方もいらっしゃいますが、テレビゲームが主流の現代でも、前述のように子どもたちの生活の中に「わらべうた」は生きています。その代表が「じゃんけん」です。子どもたちは場面に合わせて「じゃんけん」を実に巧みに操っています。「休み時間」に耳を澄ませてみましょう。「わらべうた」がしっかり生きていると実感できるはずです。

「どんな『じゃんけん』があるの？」と、ぜひ子どもたちに尋ねてみましょう。「わらべうた」の扉を開いてくれるのは、案外「じゃんけん」かもしれませんね。

●**「じゃんけん」あそび**

・一番を決める「じゃんけん」
  音階なし「じゃんけん　ほい」
  音階あり「じゃんけんでホイ」

・大人数のとき、早く一番（鬼）を決める「じゃんけん」
  譜例「おいもんがっちでホイ」

・二つにグループ分けをする「じゃんけん」

　　譜例「グッパーでなっすんで」

　　　　　グッ　パで　なっすん　で

　　譜例「いしのけて」（「はさみのけて」「ぱーのけて」）

　　　　　い　しの　けて

・ちょっとかわった「じゃんけん」

　　譜例「大阪じゃんけん　負けるが勝ちよ」

　　　　　おおさか　じゃんけん　まけるが　か　　ちよ

　こんなふうに見ていくと、実に多くの「じゃんけん」が存在します。「じゃんけん」こそ、子どもたちの「工夫」のシンボルかもしれませんね。

⑤「わらべうた」をステージに

　「わらべうたを音楽会で取り上げたいのですが……」。このような質問をいただいたとき、私は次のようにお答えしています。「とてもすばらしいことだと思います。ですが、わらべうたそのものはとても短くシンプルですから、ふだん学習しているものに工夫を加える必要があります」。

　では実際にどんな工夫を加えればよいか示していきましょう。

●「わらべうた」を2回以上くり返そう

　「わらべうた」は1曲が短いので、最低2回以上はくり返しましょう。例えば1回めはメロディーだけ、2回めは動作をつける。動作としては「なべなべそこぬけ」のように体を使うもの、「ひったらふったら」のように紙風船などの道具を使うものが考えられます。

　また、音量を変えてくり返す方法もあります。1回めは小さく、2回めは大きく……。音量を変える方法としては、歌う人数を変えることも考えられます。1回めソロ（一人で）、2回めソリ（数名で）、3回め全員で……など、いくらでもバリエーションは可能です。テンポに変化を加えることも工夫の一つですね。回数を重ねるごとにテンポを上げると楽しいステージとなるでしょう。

●「わらべうた」をメドレーにしてみよう

　例えば入場は「ひとりでさびし」、続いてお手玉を使った「ひいふうみいよ」、紙風船を使った「ひったらふったら」、「なべなべそこぬけ」……、最後は地元に伝わる「子守歌」と続けていけば、見ているほうも

楽しいし、やっているほうも楽しくステージを務めることができるでしょう。この場合も、一つの「わらべうた」に工夫を加えながら2回以上くり返しましょう。メドレーにするためにも、日頃から様々な「わらべうた」を子どもたちと一緒に楽しんでおきましょう。

● 「わらべうた」をカノンにしてみよう

「わらべうた」を簡単なカノンにしてみましょう。
・1回めは、全員一緒に「いちばんほしみーつけた」と歌う
・次に、①グループが「いちばんほしみーつけた」
・次に、②グループが少し遅れて「いちばんほしみーつけた」と歌う

「なべなべそこぬけ」を二つ、または三つのグループに分けて「動作つき」のカノンで歌ってもすてきです。ほとんどの「わらべうた」はカノンとして歌うことができます。**(巻末資料参照)**

譜例「いちばんぼしみつけた」（わらべうた）カノン

● 二つの「わらべうた」を一緒に歌ってみる

譜例 Ａ「おちゃらか」＋ Ｂ「かごめかごめ」

「わらべうた」をパートナーソングにすることもできます。次の例では、最初に「おちゃらか」をみんなで歌い、次に「かごめ」をみんなで歌います。次は、「おちゃらか」グループと「かごめ」グループに分かれて、同時に歌います。

「ほたるこい」＆「じんじん」

「ほたるこい」と「じんじん」（沖縄では「ほたる」のことを「じんじん」と言います）をパートナーソングとして扱うのも楽しいです。しかし、この場合は２曲の小節数が異なるので工夫が必要です。「じんじん」の最後の６小節を２回歌えば問題は解決するでしょう。

譜例「ほたるこい」（秋田のわらべうた）

譜例「じんじん」（沖縄のわらべうた）

「わらべうた」は、手拍子や動作で会場の聴衆を巻き込むこともできます。もし地元の「わらべうた」を採譜・披露できれば大成功まちがいなし。勇気を持って地域へ出かけてみましょう。そして祖先の残してくれた貴重な「宝物」を採譜し、思い切って発信してみましょう。

● **元のふしを５度上げるか４度下げて合わせてみよう**

少し進んだ段階ですが、「わらべうた」を合唱曲にする場合によく使われる手法です。３年生ぐらいなら実施は可能だと思います。

・１回めはユニゾンで「わらべうた」を歌います
・２回めは子どもたちを二つのグループに分けて、Ａグループは元の「わらべうた」を歌い、Ｂグループは４度下で同じふしを歌います。

「わらべうた」の素朴さを壊さずに、懐かしい雰囲気を味わえるハーモニーが生まれます。先ほど紹介したカノンと組み合わせることも可能です。それほど難しくありませんので、ぜひチャレンジしてみましょう。

トピックス 3　ハンドサインはすぐれもの

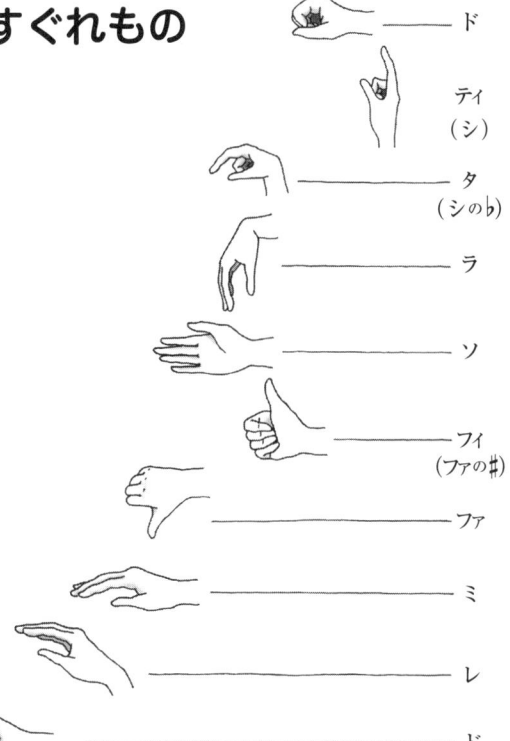

　　　　　　　　　　　　　　　　　　　　　　ド
　　　　　　　　　　　　　　　　　　　　　ティ
　　　　　　　　　　　　　　　　　　　　　（シ）
　　　　　　　　　　　　　　　　　　　　　　タ
　　　　　　　　　　　　　　　　　　　　　（シの♭）
　　　　　　　　　　　　　　　　　　　　　　ラ
　　　　　　　　　　　　　　　　　　　　　　ソ
　　　　　　　　　　　　　　　　　　　　　フィ
　　　　　　　　　　　　　　　　　　　　　（ファの♯）
　　　　　　　　　　　　　　　　　　　　　　ファ
　　　　　　　　　　　　　　　　　　　　　　ミ
　　　　　　　　　　　　　　　　　　　　　　レ
ハンドサイン　ド〜シ　　　　　　　　　　　　　ド

　ハンドサインは 19 世紀のイギリスでジョン・カウエンが開発した方法です。現在のように世界中で活用されるようになったのは、ハンガリーの作曲家であり音楽教育者でもあったコダーイが自らのメソッド（コダーイ・メソッド）で使用したのがはじまりです。実際にヨーロッパのいくつかの国では現在も授業の中で使われています。

● **「この歌、なーに？」**（曲当てクイズ）

　ハンドサインで示した曲を頭の中で「音」に直して「曲名」を当てるゲーム。

先　生「この曲は何でしょう？　声に出して歌ってはいけません。心の中で歌って曲名を当てましょう」（ハンドサインだけで示す）

　　　　ド　レ　ミ　　ド　レ　ミ　　ソ　ミ　レ　ド　　レ　ミ　レ

子ども「チューリップです」

先　生「次は何かな？」（ハンドサインだけで）ド　ド　ソ　ソ　ラ　ラ　ソ

子ども「『きらきらぼし』。こんなの、かんたん！」

先　生「じゃあ、次は何かな？」

　　　（ハンドサインだけで）ソ　ミ　ソ　ミ　　レ　ド　レ　ド

子ども「『かっこう』です」

● **ハンドサインで新曲も歌える**

　「目に見えない音の階段」を「目に見える手の形で見せる」ことができる「ハンドサイン」。進め方は、これまで学んだ曲の一部をハン

ドサインのみで見せて「この歌、なあに？」と聞きます（必ず拍子木などで「拍」を刻んであげましょう）。「音の階段」が身についている子どもたちは、心の中で歌い（心唱）、正解を導き出します。コダーイの教育メソッドの中では「内的聴感」ということばで示されています。

ハンドサインをマスターすれば、ハンドサインを示しながら新曲を教えることもできます。最初は二つの音から。やがて、3音、4音、5音……とハンドサインをマスターしていきましょう。

そして仕上げは「ドレミの歌」（ペギー葉山日本語詞・R. ロジャーズ作曲）。「ドミミ～」と階名を歌う4小節には「ド」～「シ」までの7音すべてが出てきます。だんだんテンポを速くして「ハンドサイン」をしながら歌うと、より楽しく実施できます。開始音をニ長調の「ド」～ヘ長調の「ド」まで半音ずつ上げていってもいいですね。

ドレミで「ハンドサイン」をしながら階名で歌えるようになったら、階名の代わりに「ラララ」でチャレンジしてみましょう。とてもアクロバティックですよ。

●ドミソ・ワールド

二人一組でハンドサインを行います。どちらかが先生役でどちらかが子どもの役を演じます。1クラスが30人とすると15組できるわけですね。先生は「ド」「ミ」「ソ」のうち好きな音をハンドサインで示すことができます。子どもは先生の示したハンドサインを声で示します。最初は全員で同じ高さの「ド」の音を出してスタートです。次の瞬間クラスの中では「ド」「ミ」「ソ」のうちのいずれかの音が鳴っています。結果として正確な「ドミソ」のハーモニーが聞こえてくれば大成功です。

「ドミソ・ワールド」成功の秘訣は、よく響く場所を選ぶことです。そして、一人一人が「ドミソの階段」をよく習得しておくことです。この場合も拍子木などで「拍」を示し、一つの音の長さを「2拍」「3拍」「4拍」と決めて実施したほうがスムーズに進むでしょう。（44ページ参照）

「ドミソ」のハーモニーのバランスが崩れたり、交代の時間がきたときに、先生はストップをかけます。ストップの合図は「やめなさい」という号令でなく、「右手を上げる」等のサインで充分です（詳細は97頁参照）。慣れないうちは「ド」「ミ」「ソ」と階名で歌うとよいでしょう。慣れてきたら階名をハミングや「ウ」や「ル」や「マ」に変えてもいいでしょう。「母音」が統一されることで、一段とすてきな「ドミソ・ワールド」をつくり上げることが可能となります。「ドファラ」「シレソ」など主要三和音をハンドサインで伝えていくことも可能です。ピアノの力を借りずに自らの力でつかんだ「音の階段」は、生涯の宝物となるに違いありません。

2 ハーモニー感をつけるための工夫

1.「ミ」探しゲーム

　ハンドサインで「ド」〜「ミ」の学習が終わったあたりで、「『ミ』探しゲーム」を実施してみましょう。先生が出した「ド」の音を手がかりに、「ミ」の音を探すというゲームです。「ド」の高さは固定せず、先生が出した音を「ド」と考えます。子どもたちが「ミ」の音を探し当てる順序としては、下記のような流れが考えられます。これは、子どもたちが正確に「ミ」の音を探し当てるための練習過程でもあります。

1．先生と同じ「ド」の音を出す。
2．心の中で「レ」の音を出す。（心唱が難しい場合は、実際に声に出してもよい）
3．「レ」の次の「ミ」の音を出す。

　1〜3を瞬時に実施すれば、先生の出した「ド」にすぐ反応して「ミ」の音を見つけることが可能となります。先生は肉声で音を出してもよいし、ピアノ・オルガンなどの楽器で「ド」の音を出してもかまいません。

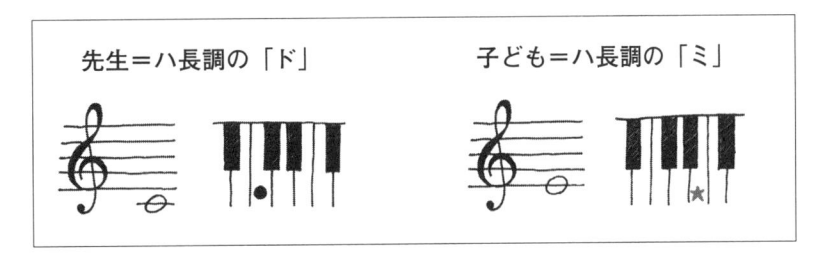

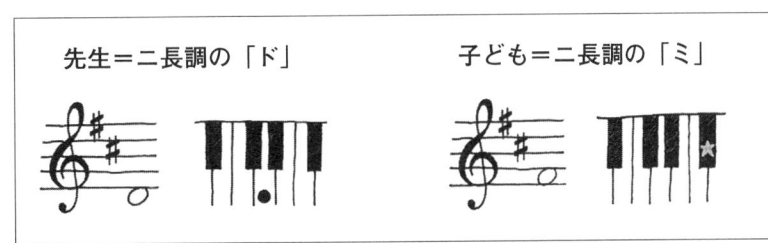

　「『ミ』探しゲーム」を続けていくと、飛躍的に3度のハーモニー感覚はよくなっていきます。

2.「しりとり」ゲーム

　低学年には「しりとり」をおすすめします。最初は「ド」「レ」の二つの音だけを使います。まず先生が「ド」「レ」を使って3拍分のリズム即興をします。4拍目の「はい」を聴いて、モデルの子どもは、先生の歌った最後の音と同じ高さの音から、同じく3拍分の即興を行います。「はい」で、先生が子どもの歌った最後の音で2回目の即興に入ります。使ってよい音は「ド」と「レ」ですが、リズムは規定しません。最初は先生とモデルの子どもたちとで手本を示し、次に先生と子ども、子どもと子どものように進んでいけばよいでしょう。

1回目　先生　ド レ ド　はい　　子ども　ド ド ド　はい
2回目　先生　ド ドレ ド　はい　　子ども　ド レ ド　はい
3回目　先生　ド レ レ　はい　　子ども　レ ド ドレ　はい
4回目　先生　レ ド レ　はい　　子ども　レ ド ドド　……

実際の音高（ト長調の「ド」「レ」）

　二つの音での「しりとり」ができるようになれば、「ド」「レ」「ミ」の3音にチャレンジしてみましょう。とても良い「耳づくり」になりますよ。まずは、モデルを示して何をするのかよく理解させた上で実施しましょう。

1回目　先生　ド レ ミ　はい　　子ども　ミ ド ド　はい
2回目　先生　ド レ レ　はい　　子ども　レ ド ド　はい
3回目　先生　ド ミ ミ　はい　　子ども　ミ ミ レ　はい
4回目　先生　レ ドド レ　はい　　子ども　レ ドド ド　……

音が増えると迷ってしまう子どもたちも現れます。音が分からなくなったら、ピアノや鍵盤ハーモニカで「音」を確かめられるように習慣づけておくといいですね。

ハ長調の「ド」だけでなく、ヘ長調やト長調の「ド」からもスタートすると、子どもたちには歌いやすい音域になります。先生の工夫でどんどん楽しくなっていきますよ。

3.「音抜き」ゲーム

例えば「きらきらぼし」を例に考えてみましょう。次のような順序で実施しましょう。

1.「『きらきらぼし』を階名で歌ってみましょう」
2.「次は、『ソ』の階名のときには歌いません」「注意して歌いましょう」
3.「次は、『ソ』と『ミ』を歌いません」

こんなふうに、ある音を抜いて歌わせることにより、音程感覚はどんどん確かなものになっていきます。ゲーム感覚で心唱を体験させていきましょう。

ド　ド　(ソ)　(ソ)　ラ　ラ　(ソ)

4. 歌の中でのハーモニーづくり

例えば「春の小川」の楽譜を見てみましょう。「はーるのおがわ……」の「おがわ」が「ミ」「ソ」「ド」の音階になっていることが分かるでしょう。まず、クラスをA・B・C三つのグループに分けます。みんなで歌い始め、Aグループは「お」の音を延ばします。Bグループは「が」の音を延ばします。Cグループは「わ」の音を延ばします。うまくいけば「ドミソ」のハーモニーが生まれることになります。

「春の小川」「ミ」「ソ」「ド」のハーモニー
Aグループ ミ ソ ラ ソ ㊥ ⟶
Bグループ ミ ソ ラ ソ ミ ㋣ ⟶
Cグループ ミ ソ ラ ソ ミ ソ ㋣ ⟶
　　　　　　は ー る の お が わ ⟶

「かっこう」「ソ」と「ミ」のハーモニー
Aグループ　㋞　――→
Bグループ　ソ　㋯　――→
　　　　　　カッコー　――→

「春がきた」「ソ」と「ド」のハーモニー
Aグループ　ソ ミ ファ ソ ラ　ソ ミ ファ ㋞ ――→
Bグループ　ソ ミ ファ ソ ラ　ソ ミ ファ ソ ㋭ ――→
　　　　　　は る が　き た　は る が　き た ――→

合唱の樹

- 歌心　歌って気持ちいい
- 魂のこもった歌声
- よく響く歌声
- よい音程　よいハーモニー
- 読譜力

みんなに幸せを届ける合唱
心響きあう合唱
授業
練習

指導内容
- 響きづくり
- 声づくり
- 耳づくり
- 拍づくり

指導技術
- 掲示物
- 指導のことば

見えないものを見えるように
気持ちを引き出せるように

もっと歌いたい
もっとチャレンジしてみよう
みんな協力してつくり上げよう

トピックス 4　音叉はすぐれもの

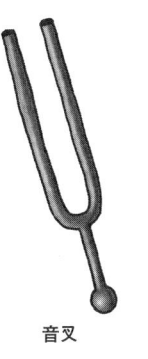

　ヨーロッパの合唱団の指揮者がチューニング・フォーク（音叉）で音取りをして、合唱をスタートさせる光景をご覧になったことがあるでしょう。音叉は楽器のチューニングに使われるものだとばかり思っていましたが、ピッチパイプと同様に合唱をスタートさせる際の「出だしの音」＝「開始音」を決める道具としても使用されるのです。

　音叉の中で最も多いのは440Hz＝「ラ」の音が出るものですが、他にも「ド」や「ソ」が出るものもあります。

　使い方としては、音叉で基準音である「ラ」を聴き、そこから演奏するべき開始音を見つけるのです。この作業は簡単そうに見えて実は難しいのです。しかし「ラ」の音から他の音（例えば「ド」「ソ」など）を正確に見つけられるようになることは、「音程感覚」をしっかりと身につけることにつながっていきます。

　そこで、音楽の時間に「音叉」を使ってゲーム感覚で「音見つけ」を楽しむことをおすすめします。全員に1本ずつ「音叉」を持たせることが理想ですが、グループに一つでもかまいません。

　音叉の使い方は、例えば「机の角」のように硬い所に、二股になっている片方を軽く打ち付けて音を出します。出た音を確認するには図のように、音叉の丸い部分を耳に直接触れさせます。

● 「音見つけ」ゲーム

先　生「音叉を使って『ソ』の音を見つけてみましょう」
　　　　「はじめにチャレンジする人、準備しましょう」
　　　　「それでは、音叉を使ってまず『ラ』の音を確かめましょう」
　　　　「次に、『ラ』から『ソ』の音を見つけ、声に出してみましょう」
　　　　「グループの人は、リコーダーで『ソ』の音が正しいか確かめましょう」

　こんなふうに一人で「音見つけ」ができるようになることがゴールです。そのためには、最初はグループで音叉を使って、全員が『ラ』の音を正確に出すことができるようにすることから始めます。次に『ラ』から指定された音（例えば『ソ』）を見つけて声に出してみます。そして見つけた音が正しいかどうか、リコーダーや鍵盤ハーモニカで確かめる……。こんな予備練習をすれば、一人一人の目標達成も容易になるでしょう。

　進んだ段階では、グループを二つに分けて、『ラ』の音からAグループは『ミ』を、Bグループは『ソ』を見つけてハーモニーをつくるということもできます。

音叉は、よく見ると「声帯」の形に似ていますね。実際、声帯でつくられた音はとても小さな音ですが、口腔・鼻腔・頭蓋骨などに共鳴して増幅されます。音叉を声帯に見立てて、いろいろな場所に置いて、その響き方を調べてみましょう。四角い木の箱や、ピアノの蓋の上、机の上、床の上……、いろいろやってみましょう。頭の上に置いても楽しいです。空中では聞こえなかった音が、見事に増幅されて聞こえるようになる仕組みを、子どもたちは体験を通して学ぶでしょう。結果として、自分の体を「共鳴体」としてとらえられるようになり、「響きのある声」づくりに進んで行ってくれればと思います。

　番外編ですが、響いている音叉を「蜘蛛の巣」に触れると、蜘蛛は「餌がかかった」と勘違いして飛び出してきます。音叉1本で世界がこんなにも広がるのです。

第Ⅲ章

感動的な作品につくり上げよう
曲づくりのポイント

1 合唱練習の前に

1. はじめての作品との出合いを大切に

　指導する作品が教科書掲載曲であれば、CDなどで模範演奏を聞かせて子どもたちに作品の全体像を見せることは有効な方法でしょう。音楽会などで教科書以外の作品を指導する場合は、先生自身の作品との出合いや思いを伝えてもいいでしょう。その後、CDや先生の弾き語りで作品を紹介していきましょう。子どもたちにははじめて聞いた作品の印象を発表させたり、絵や感想文を書かせて、「さあ、今からこの作品をみんなで歌っていくぞ」という気持ちを高めていきましょう。もし歌詞が少し難しいときは、先生が説明しながら「縦書き」の歌詞をみんなで一度読んでみてもいいですね。そうすることでより深く、作詞者の願いや意図を汲み取ることが可能となるでしょう。

①練習スタート（はじめての音取り）

　それでは練習に入りましょう。まずフレーズごとに先生がメロディーを歌い、次に子どもたちが歌うという具合に進めていきましょう。音程に自信がないときは、鍵盤楽器でメロディーを奏でながら歌うという方法もありますね。事前の教材研究でここまではクリアーしておくといいでしょう。

　「CDに合わせて練習するというのはどうですか？」という質問をよく受けます。CDはとても優れものです。でも最初から最後まで「CDまかせ」というのはどうでしょう。やはり理想としては先生に歌ってほしいですね。なぜなら、CDでは間違いやすいところや何度も練習が必要なところをくり返し練習できないからです。歌いやすいところは歌えても、あやふやなところは最後まであやふやなままになってしまいます。また、CDの演奏は完成のテンポで演奏されているため、はじめて歌う子どもたちには無理があります。教育の基本ともいうべき「やさしいことがら」から「難しいことがら」へという原則は、歌唱指導の場合も重要視されるべきでしょう。ゆっくりしたテンポで確実に「音」と「ことば」をつかみ、次にその作品をもっと魅力的に歌うためにはどうすれば

よいかを子どもたちと共に探求していくのです。

②こんな出合わせ方はいかが？

中学年以上になると、こんな出発の方法も考えられます。みなさんも新しい仲間との出会いのとき「どんな人だろう」「趣味は何だろう」「うまくやっていけるかな」……など、ドキドキ、ワクワクするでしょう。子どもたちと新しい作品との出合いもそんなドキドキ感を大切にしてほしいと思います。そこでおすすめなのが３年生で習い始めたリコーダーや１年生から取り組んできた鍵盤ハーモニカを駆使して、自分たちの力で新しい作品を読み解いていくという方法です。高学年ではさらに技術も高まっていると思われます。ぜひチャレンジさせてみましょう。ハ長調・ヘ長調ならすぐ演奏可能かもしれません。自分たちの力で新しい世界に一歩踏み出すこともすてきな体験です。

この「読譜力」は、実は音楽科に求められている大切なもう一つの役割なのです。この大切な役割を実現するためにも「３年生でハ長調の階名唱」はクリアーさせたい目標です。

2. まずは全員で主旋律を歌おう

①主旋律（メロディー）の練習

最初からパートを分けて練習するのでなく、まずは全員で主旋律をしっかりと歌い込みましょう。メロディー＝主役です。まずは主役がきっちりと仕事を仕上げることが大切です。フレーズごとに歌っていきましょう。一つめのフレーズが歌えたら、次のフレーズを練習します。二つめのフレーズが歌えたら、一つめと二つめのフレーズを通して歌います。こんなふうに少しずつ積み上げていきましょう。CDで全体像をつかませて、いきなり「山場」から教え始めることも可能です。とにかくメロディーは最初の練習で、最後まで一気に教えきることが大切です。授業が終わって音楽室を出て行くとき、子どもたちがメロディーを口ずさんでいる……、これが理想ですね。

メロディーに限ってはCDをくり返し聴くことで、おおまかには覚えることもできます。教室でも子どもたちが自由にCDを聴ける環境を整えておきましょう。「朝の会」や「終わりの会」などでも活用できますね。音楽科の時間数が減少する中、正規の時間以外でも「音楽」を体験できる場を少しでも多く生み出し、子どもたちが音楽に触れることのできる時間をできるだけ多く確保しましょう。

②副旋律の練習

　　メロディーがほぼ歌えたところで、副旋律の練習に入っていきます。この場合も先生が一つずつのフレーズを歌い練習を進めていきます。「耳」の育っている子どもは、わけもなく副旋律を歌ってしまうでしょう。しかし、大半の子どもたちは副旋律の練習はメロディーのときのようにはスピーディーに行えません。そこで副旋律を1フレーズ練習したあたりで、一人でも歌えそうな子どもを数名ピックアップし、他の子どもたちは主旋律に戻してまずは二部合唱にチャレンジしてみましょう。バランスはよくないですが、「ハーモニー」が生まれれば大成功です。先生も副旋律を助けてあげてもいいでしょう。もちろんピアノで助けてあげてもいいですよ。こんなふうにして最初の「ハモリ」が気分よくスタートできるといいですね。

　　副旋律の練習も時間のある限り全員にチャンスを与えてあげましょう。一度に練習する小節数を減らしてチャレンジさせていけば、子どもたちは回を重ねるごとに音が取れるようになります。一人で歌えなくても友だちと一緒なら歌える子どもも増えてきます。くれぐれも一度に多くの小節を与えないように、全員がハーモニーの心地よさをより多く体験できるように、指導には常に工夫を加えましょう。

　　練習を重ねてもうまく副旋律が取れない子どもがいます。副旋律の練習を継続させつつも、常にメロディーを正確に豊かに歌うことが合唱をつくり上げるうえでとても大切な役割であることも伝えておきましょう。

3. パート分けをどうするのか

①ハモるためのパート分けの鉄則

　　残念ながら秘策はありません。ただ一つあるとすれば、地道に子どもたち一人一人の「音程感覚」「ハーモニー感覚」を正確に把握してから「パート分け」に臨むことが成功への近道でしょう。子どもたちの発達段階には大きな差があります。「歌える音域」についても、「歌える音程」についても一様ではありません。指導する私たちは子どもたちの心情を理解しながらも、よりよい合唱をつくり上げるために、子どもたちを「適材適所」に配置しなければなりません。

　　頼れるのは「我が耳」だけです。ですから、「秘策」は自分の耳をひたすら鍛えることです。そのためには、多くのよい作品を自分自身が聴き、自分自身が歌うことです。また研修会に参加すること、自分の指導した演奏を録音して「名人」にチェックしてもらうことなども、自らの「耳」に磨きをかける具体的な方法でしょう。とにかく、勇気を持って

一歩を踏み出すことです。

②パート分けで優先すべきこと

「パート分けをどうするか」は、「作品をどう仕上げたいか」にも大きく関わっていると思います。力強さや迫力を優先するなら、メロディーを受け持つことの多いソプラノの人数を多くすることをおすすめします。がっちりとしたハーモニーを聞かせたいなら、音程感覚が育っている子どもを副旋律のパートに配置しなければなりません。もちろん、そこに子どもたちの思いも反映しなければなりません。「パート分け」はその作品の完成度を決定づけるわけで、たいへん綿密でデリケートな作業だともいえます。

でも心配はいりません。目標に立ち向かおうとする子どもたちの「気持ち」、高音域でも無理なく豊かに歌いきる「歌声」、副旋律でも正確に歌い通せる「耳」、この三つの要素を備えた子どもを一人でも多く育てることで、指導する側の私たちだけでなく、演奏する側の子どもたちの選択肢もどんどん広がっていくのです。パート分けをよりスムーズにフレキシブルに行うためにも、日常の地道な積み重ねが大切なのです。ポイントは「心」「声」「耳」です。

③パート分けの実際

子どもたち一人一人をじっくり見守りながら、最大の効果が得られるようなパート分けを実施しましょう。実際のパート分けの際に役立ついくつかのポイントを示しておきます。

●**一人一人の長所を生かしたパート分け**

ソプラノ・パート	アルト・パート
・高音域が無理なく出せる	・音程感覚がすぐれている
・高音域に輝きがある	・中・低音域でも地声にならない
・高音域でも音量が落ちない	・音域が広い
・明るい声質	・低い音がよく出る
・裏声で歌える変声後の男子	・目標に向かい努力が継続できる

しかしながら、上記のパート分けのポイントに全員がピッタリ合致するわけではありません。いくつかの課題をかかえている子どもたちも意欲をもって取り組めるよう、パート分けには細心の注意をはらって取り組みましょう。

●課題を持っている子どもたちのパート分け

ソプラノ・パート	アルト・パート
・音程感覚に不安がある ・声が細くて音量がない	・高音域が出にくい ・声質が固い

　学年が複数クラスによって構成されている場合、クラスごとにパートを固定するという方法もありますが、この方法はあまりおすすめできません。それは、子どもたちの特性を充分に配慮したパート分けとはいえないからです。クラスごとにパートを固定せざるを得ない場合でも、先生の「耳」を生かして全体のバランスや演奏効果を高めるため、そして何より子どもたちの特性を生かすために、子どもたちのパート変更を柔軟に行いましょう。

④パート分けの課題

　ふだんの歌声をこまめに記録しておけば、パート分けはスムーズに行えると思いますが、充分に現状を把握できていない場合や学年合唱を指導する場合など、短時間でパート分けを行わなければならないことがあります。そんなときに役立つ各パート決定のための課題を以下に示しておきます。

●ソプラノ・パートの子どもたちを見つけるためには
・子どもたちがよく知っている曲の中で、高い音域が出てくるフレーズを歌わせてみる

●アルト・パートの子どもたちを見つけるためには
・子どもたちが知っている曲の中で、低い音域が出てくるフレーズを歌わせてみる
・子どもたちが知っている二部合唱のアルト・パート（１フレーズ）を歌わせてみる

譜例「春がきた」（高野辰之作詞・岡野貞一作曲）

4. 並び方をどうするのか

　パート分けと同じように、「並び方」をどうするかも発表会を成功に導くためには大切なことがらです。特に二部合唱の場合、自分のパートを自信と責任を持って歌いきることができるように「並び方」にも知恵

を絞ってみましょう。

●並び方の工夫（例）

・一人でも自信を持って正確に歌える子ども……◎印
・完璧ではないが、ほぼ一人でも自信を持って歌える子ども……○印
・一人では自信をもって歌えない子ども……□印

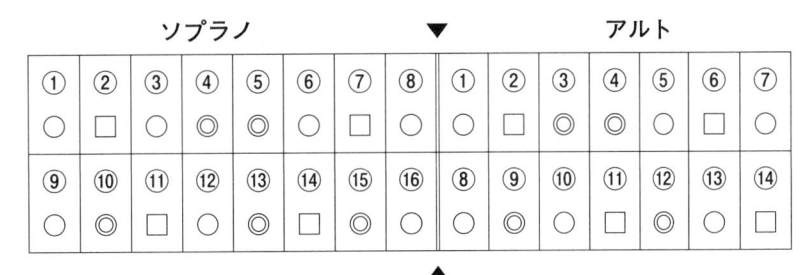

	ソプラノ							▼			アルト				
①	②	③	④	⑤	⑥	⑦	⑧	①	②	③	④	⑤	⑥	⑦
○	□	○	◎	◎	○	□	○	○	□	○	◎	◎	○	□
⑨	⑩	⑪	⑫	⑬	⑭	⑮	⑯	⑧	⑨	⑩	⑪	⑫	⑬	⑭
○	◎	□	◎	○	□	◎	○	◎	○	◎	□	◎	○	□

▲
[指揮者]

　基本的にはパートの中心（柱）となる子どもをほぼ中央に配置し、「灯台の明かり」のように各パートを照らすことが望ましいと思います。自信のない子どもどうしは隣り合わせにはせず、常に隣やうしろから正確な歌声が聞こえるように配慮をしましょう。一人では自信のない子どもたちも、自信を持って歌える子どもたちが近くにいればゆとりをもって歌うことができるでしょう。また、演奏能力だけでなく人間関係も考慮に入れながら微調整を行いましょう。見た目を重視するため「身長順」で単純に並べることだけは避けましょう。

② 合唱表現を磨く

1.「音取り」ができた……。その次は?

●スキルアップのための10のアプローチ

　ここに示す次の項目は、まさに「表現の工夫」の主要なエレメントをなすものばかりです。指導する側が常に意識して研究を進めておくべきことであり、よりよく「歌う」ために、子どもたちにも積極的に感じ、考えてほしい項目です。

①クリアーな発音で1ランク・アップを

　まず大切なことは、聴いている人に「歌詞」が正確に聞こえるということです。みなさんもコンサートに出かけて「ほとんど歌詞が聴き取れない」という経験があるでしょう。

　「ふるさと」のようにみんなが知っている曲は聴き手が歌詞を思い浮かべながら聴いてくれるのでいいのですが、はじめてその曲を聴く人にも「歌詞」が正確に届くように歌わなければいけません。でなければ聴き手に感動も共感も伝えられないのです。そのために、特に下記に示した「発音」にはぜひ低学年からこだわってほしいと思います。「発音」は短時間でスキルアップが可能です。また定着を図るために「歌詞」や「楽譜」に「書き込み」をし、視覚も動員しながら常に意識を持って練習を重ねることもおすすめします。また、暗譜が終わった後も常に楽譜（掲示用も含め）を持たせて練習をすすめましょう。あいまいになりがちな「発音」を常に意識する手助けとなるからです。

　ここでは、「子音」について特筆します。「歌詞の聞き取れない」原因のほとんどは、「子音」の不明瞭さにあります。ですから「子音」は少しオーバーなくらい発音できるように練習を重ねましょう。

　また「歌詞」をよりクリアーに届ける方法として、それぞれの単語の「第1音節」を意図的に強めることも書き加えておきます。

● 「サ」行をクリアーに（音楽をクリアーに）
譜例「旅立ちの日に」（小嶋登作詞・坂本浩美作曲）

先　生「『白い光の中に……』歌ってみましょう」
子ども「しろい　ひかりの　なかに……」
先　生「もっと白く光って」（「し」と「ひ」を強調する）
　　　　「『し』は、静かにするときの『シーッ』っていう感じで」

● 不明瞭な「は行」の解消（腹式呼吸にも有効）
譜例「ハロー・シャイニング ブルー」（鈴木須美子作詞・西澤健治作曲）

先　生「寒い朝、手が冷たいよー。どうする？」
子ども「はー」（「寒い日の息吹き」の要領で）
先　生「『ハ行』は、のどの奥から息を吐きましょう」

● 不明瞭な「た行」の解消
譜例「大切なもの」（山崎朋子作詞・作曲）

先　生「『た』と言ってごらん。そのとき舌はどこにある？」
子ども「上の前歯の裏にある」
先　生「前歯の裏を舌でしっかり押して、パッと離す感じで『た』と言ってごらん」

● 不明瞭な促音「っ」の解消
譜例「星の大地に」（石原一輝作詞・桜田直子作曲）

先　生「『きっと　まっている』のところを歌ってごらん」
子ども「きいと　まーている」（促音がクリアーに聞こえない）
先　生「小さい『っ』がほとんど聞こえませんね」
　　　　「『きーと』『まーている』に聞こえますよ」
先　生「小さい『っ』を歌うときは、舌を軽く噛んでごらん。軽くですよ」

● **不明瞭な「ん」の解消**

譜例「地球の子ども」（まど・みちお作詞・山本直純作曲）

　　あ　あ　み⓪　な　ち　きゅうの　　こ　ど　も　　　　たいよう　　　たいよう　　ーのこど

先　生「『みんな』のところ、歌って」
子ども「みーな」
先　生「みんなの『ん』はどこへいったのでしょう？」
　　　「先生には『みーな』に聞こえます」
先　生「『ん』のところで、唇を閉じてごらん」
＊日本語の「ん」には、7種類ぐらいあるそうですが……。

● **不明瞭な「カ行」の解消**

譜例「大切なもの」（山崎朋子作詞・作曲）

　　そらにひかるほし　を—　　㋖みとかぞえた　よる　—

先　生「『きみ』の『き』っていう音は、どこから出てる？」（子どもたちに確かめる）
子ども「のどの奥の方かな？」
先　生「そう、のどの奥の方で鳴ってるね」
　　　「『き』を発音するときは、のどの奥を意識しましょうね」

● **鼻濁音の苦手な子どもへ**

譜例「星の大地に」（石原一輝作詞・桜田直子作曲）

　　ゆめ　を　み　る　こ　と　㋕　　で　き　る　よ　う　に—

先　生「『ゆめをみることが』を歌ってみましょう」
子ども「ゆめをみること『が』……」（『が』が鼻濁音にならない）
先　生「『が』の前に〔n〕をつけて、『んが』という感じでやってごらん」

● **不明瞭な「ヤ行」の解消**

譜例「U & I」（若松歓作詞・作曲）

　　よあけの　　ひがし　のそらー　　　るりいろに

先　生「『U & I』を歌ってみましょう」（歌い出しの1フレーズで止める）
子ども「よあけの……」

先　生「歌い出しの『よ』が聞こえませんね」
先　生「『よ』の前に『ぃ』つけて、『ぃよ』という感じでやってみましょう」
子ども「『ぃよ』あけの……」
先　生「とてもよく聞こえてきましたよ」

＊特に音域が低い作品では、歌詞を最大限に伝えるためにクリアーな発音が絶対条件となります。「や」「ゆ」の場合も「ぃや」「ぃよ」のように発音してみることにより、より明確な発音が得られます。

● 「発音」の明瞭化に「ヒソヒソ声」が威力を発揮

　こんなふうに「発音」の質を高めることで演奏は飛躍的に説得力を持ってきます。「発音」の明瞭化をすすめるときに「ヒソヒソ声」が威力を発揮します。試しに体育館の一番うしろからステージにいる子どもたちに「ヒソヒソ声」で語りかけてください。子どもたちは先生が発したことばを見事にキャッチします。「ヒソヒソ声」は空気を鋭く切り裂いて進むから小さくても届くのです。そして、「ヒソヒソ声」のときの顔の表情を注意深く観察してみましょう。しっかりホッペの表現筋を使って発音していることが分かるでしょう。「ヒソヒソ声」も「発音」のスキルアップにぜひ加えてみましょう。

②メロディーを常に浮かび上がらせよう

　全体が歌えるようになってきたら、主旋律が常に「主役」として聞こえているかどうかチェックしましょう。オブリガートやアルトの旋律（副旋律）のほうが大きい場合は、パートの音量コントロールを促してみましょう。それでも音量が大きい場合は、副旋律の人数を減らして主旋律が浮き上がるように調整しましょう。

　逆の場合も同じです。メロディーが大きすぎて「副旋律が聞こえない」場合は、メロディーの音量を抑えるか、副旋律の音量を上げるかで対応します。副旋律の音量を上げるには「人数を増やす」という方法が最も手っ取り早いです。

　このように最後の微調整がうまくいくかどうかは、パートを自由に移動できる子どもが何人育っているかによって決まります。子どもたちの「耳」を育て、正確に複数パートを歌える人数を増やすことは、表現の幅を広げ感動的な演奏に近づく最も確かな方法なのです。

③曲の山場はドラマチックに

　曲の山場は最も音量が大きく、ドラマチックに、印象的に表現されなければなりません。音量が足りない場合は、再度「のどの開き」「口形」「呼吸」「共鳴」について子どもたちに意識を持たせましょう。何より子

どもたちの「メンタル面」に「指導のことば」を駆使してアプローチし、「山場」をしっかり歌いきりましょう。

時には歌詞を縦書きにして、感情を込めて読ませてみることも効果があります。「読むこと」の延長線上に「歌うこと」があることを常日頃から子どもたちに意識づけておきましょう。「本読み」の上手なクラスは「ことば」に対して敏感に反応できます。それは普段からことばのもつ「意味」や「イメージ」について学習がなされているからです。また、日頃から「元気な声でしっかり発表できるクラス」は、「歌」の場合でも表現の幅も広げやすいものです。日頃から心が解放されやすい状況にあるからでしょう。

以上のように、音楽の時間のみでよい表現を実現することは至難の技であるということがよく分かるでしょう。ただし、一歩進んで「より豊かに歌う」ためには、やはり「呼吸」「共鳴」など音楽科で習得させるべきスキルの指導は不可欠です。

もう一つ、先生自身の指揮についても考えてみましょう。拍の通り指揮をすることは最低条件ですが、より子どもたちの気持ちを引き出すためには指揮の工夫が必要となってきます。この課題を解決するための最も有効な方法は「鏡」を見ながら練習することです。どうすれば「曲の山場を感動的に表現できるか」まずは自分の姿を鏡に映して見ながら試行を重ねていきましょう。名人の指揮を「まねる」こともよい方法です。名人が指導に来てくださったときは、お許しが得られれば映像・音声などをまるごと記録させていただき、自分のスキルアップの糧に有効活用させていただきましょう。

④指定されたテンポに戻ってみよう

作曲家は自分の作品が最も効果的に表現できるテンポを楽譜に記しています。曲がほぼ仕上がったところで、作曲家の指定したテンポで歌ってみましょう。もちろん歌うメンバーの年齢、人数など様々な条件が異なるので、子どもたちの反応を見ながらテンポを決定しましょう。伴奏者の力量によっては設定テンポへ届かない場合もありますが、できるかぎりそれぞれの能力をフルに生かして感動的な演奏につなげましょう。

それから、練習が終盤に入り歌い込みがすすんでくると、テンポが上がりすぎてリズムが甘くなったり、歌詞が不鮮明になったりすることを多くの先生方が経験されているでしょう。「テンポ」は、人間でいえば「心臓の鼓動」です。「鼓動」が速すぎるとゆとりのないせっかちな演奏となります。また「鼓動」が不規則になると演奏が不安定になり、聴き手にとっては違和感のある演奏となります。テンポはその作品の「性格」を決める大切な要素であることを認識し、本番への準備をしましょう。

常に録音を取って、客観的に自分たちの演奏を確認することをおすすめします。

⑤リズムの乱れはア・カペラで修正しよう

作品を歌い込んでくると、特に8分音符など「短い音符」が続く部分でリズムの乱れが生じることがあります。いわゆる「走り」がみられるのです。練習を始めた頃は、テンポも完成テンポよりゆっくりで「拍」をたたきながら演奏すると思うのですが、音が取れて歌詞が覚えられると「拍」をたたくこともなくなり、「指揮」というあいまいな「鼓動」の中での演奏となります。伴奏者も習熟するにつれてテンポが少しずつ速くなって、指揮者のテンポが「ピアノまかせ」に陥っていることも往々にしてあります。

音取りがほぼ終わり、歌詞の暗譜が終わったら、一度ピアノをはずして「ア・カペラ」で歌わせてみましょう。もちろん先生は拍子木などで「拍」を正確に示します。そうすると細かな「リズムの乱れ」「音程のズレ」が聞こえてくるでしょう。また不要な「ブレス」も発見できるでしょう。

●特に「走り」やすいリズム

・4分音符の後の8分音符＋8分音符

・8分音符が続く場合

⑥ブレスが減ると優雅さがにじみ出る

「ふるさと」（高野辰之作詞・岡野貞一作曲）は、教科書では2小節ごとに「ブレス」（息つぎ）が指示されています。しかし「呼吸法」の習得が進むと、4小節を一息で歌うことも可能になります。作品をより豊かに歌うためには、「ブレス」の場所を減らすことをおすすめします。「ふるさと」の4小節を一息で歌うことにもチャレンジしてみてください。

だいたいの音取りと歌詞の暗譜が終わったら、「ブレス」の位置が少なくとも楽譜の指示通りかをチェックしてみましょう。そして一つのフレーズをより自然に歌うために、無駄な「ブレス」がないかを見直しましょう。「ブレス」を「入れるか」「入れないか」迷ったら、実際に子どもたちとやってみてから決めましょう。とにかくいろいろやってみることで表現の可能性が広がります。

譜例「ふるさと」（高野辰之作詞・岡野貞一作曲）

⑦「休符」を生かして歯切れよい演奏に

休符の役割は、「ことば」や「フレーズ」の区切りを示すこと、演奏に「歯切れ良さ」を生み出すことなどにあります。慣れない指揮で一番苦労するのは「休符」の指揮かもしれませんが、楽譜とにらめっこして「長く延びすぎている音符はないか」「休符が譜面通り演奏されているか」をチェックしましょう。

譜例「マイバラード」（松井孝夫作詞・作曲）

みんなでー　うた　お　ーうー　　おおきな　こえを　だして

⑧ リタルダンドとフェルマータは効果的に

テンポに関する記号が効果的に演奏されているか確認してみましょう。リタルダンドとフェルマータは不自然にならないよう効果的に。同時に、クレシェンド、デクレシェンドなどの強弱記号、アクセント、スタッカート、テヌートなどの記号についても楽譜をよく見直して効果的な演奏となっているか確かめましょう。確かめる方法は、第三者に聴いてもらったり、「録音」を取って子どもたちと共に感想や意見を述べ合うことをおすすめします。もちろん指揮者が演奏に関してはすべての責任を負わねばなりませんが、演奏者の「意識」を高める意味でも、「自分たちの演奏」を聴くことは意味のあることなので、ぜひ実施してください。

譜例「街は光の中に」（三浦真理作詞・作曲）

ほ　え　み　わ　すれ　な　い　で　あ　る　い　て　ゆ　こ　う　ー

⑨「地声」の復活を見過ごさないように

音程、リズム、表現などについて重点的に指導を進めていると、「地声」の復活を見過ごしてしまう場合があります。特に中・低音域（ハ長調のラあたりから下の音域）は「地声」でも歌える音域です。先生が中・低音域で大きな音量を要求すると、間違いなく瞬間的に「地声」が復活してしまいます。「寒い日の息吹き」「1、2、3、ハッ」「ビーッ、バーッ、ブーッ」をもう一度意識させて「歌声」に戻してあげましょう。「地声」を復活させないためにも、毎回の練習のはじめには、短時間でもよいので「寒い日の息吹き」で、のどのリラックス状態を確かめるのが解決法の一つです。「声づくり」は一朝一夕には達成できません。指揮者は常に「目標とする声」をイメージしながら粘り強く指導に当たることが必

要です。

　中・低音域でどうしても音量がほしい場合は「胸の響き」(「共鳴」の項参照)を使ってみましょう。ただ、子どもたちを楽器にたとえると、「小さな共鳴体しか持たない楽器」といえます。大きな音ばかり要求すると、いびつな音しか出てきません。ですから中・低音域は、「胸の響き」を少し使いながらも、「発音」をよりクリアーにして乗りきることをおすすめします。

⑩「この歌を誰に」「この歌で何を」届けますか？

　「豊かな声」で「美しくハモる」ことを目標にすすめてきた発表会が目前に近づいています。この時期にすべきことはズバリ、子どもたちの「メンタル面」をもう一押しすることです。最も効果的な方法は「この歌を誰に聞いてほしいのか」「この歌で何を伝えたいのか」という具体的な目標を一人一人の子どもに持たせることです。そのためには、練習のときに(それ以外の時間でも可)、「ワークシート」や「手紙」の形で子どもたちの「自分の思い」を文字にさせてみましょう。短冊に書かせて教室や練習場所に貼っておくことも効果的です。あわせて、子どもたちがどのくらい「豊かに歌う」ためのスキルや「美しくハモる」ためのスキルを意識できているか、「ワークシート」で確かめておきましょう。これは、私たち指導者自身への評価でもあります。

●ワークシート (例)

(　　)月(　　)日　　なまえ(　　　　　　　　　　)

音楽会では誰にどんな気持ちを届けたいですか？	【スキルチェック】 歌うときに大切なことを三つ書きましょう。(絵で示してもよい) 1. 2. 3.

●スキルアップ　チェックリスト (例)

(　　)月(　　)日　　なまえ(　　　　　　　　　　)

項　　目	評　価	改善点・改善の方法
おなかを意識して歌えたか	○	高い音域でもう少しおなかが使えるようになりたい
響きを使って歌えたか	○	低い音ではもう少し胸の響きを使いたい

2.「指導のことば」は「魔法のことば」?

　歌うためのスキルや思いを指導者が子どもたちによりよく伝えようとするとき、最も多く用いるのが「ことば」による指示でしょう。もちろんジェスチャー、画像、動画などが伝達の手段として使用されることもありますが、なんといっても「指導のことば」が演奏力向上の重要な部分を占めていることはいうまでもありません。「見えない音」の解説や指導が「ことば」を駆使してできるかどうかは、ひとえに指導者の力量にかかっています。

　望ましい歌声を引き出す「指導のことば」、子どもたちの意欲を引き出す「指導のことば」を場面に応じて適切に使えたなら、「指導のことば」は「魔法のことば」ともなり得るでしょう。

　大切なことは「指導のことば」を丸暗記するのではなく、それぞれの場面で最も適切な「指導のことば」を瞬時に選び出す力を磨くことです。そのためにも、発声の理論や子どもの発達段階などについて学び続ける努力が必要です。

①低学年……「歌声」を引き出す「指導のことば」

　低学年の子どもたちは感性が優位にあります。「気持ちが変われば歌声も変わる」という状況が比較的簡単に生まれます。しかし簡単に生まれる分、簡単に忘れてしまいます。「効果的なことばのシャワー」を継続して浴びせましょう!!　指導者は常に「望ましい歌声」を意識して指導に当たる必要があります。

　また、子どもたちに求めるべきスキルを定着させるには、できる限り多くのくり返しが必要となります。通り一遍の指導では、子どもたちはすぐに忘れたり飽きてしまいます。指導者は「指導のことば」を駆使するだけでなく、画像や動画など視覚に訴えるような様々なアプローチの方法も身につけておく必要があるでしょう。

●イメージに訴えよう！

- 「ちゅうりっぷ……**好きな色**は？」(「ちゅうりっぷ」)
イメージが広がるだけで歌声が変わります。
- 「ことりが**夢**を……」「**夢**みてるよ……おこさないでね」(「ゆうやけこやけ」)
　イメージを広げることばかけを！
- 「お星様　**キラキラ**」……「キラキラッて光ってね」(「たなばたさま」)
気持ちが変われば歌声は変わります。「キラキラ」を強調。

●「**怪獣の声**で歌ったら～」「**天使の声**で歌ったら～」(「きらきらぼし」)

　低学年へのモデルの提示は「二者択一」が効果的です。先生のモデルもコントラストをきかせて!!　何にでも変身できる「低学年」、放っておくのはもったいないです。キラリと輝く「センス」は先生の「指導のことば」から……。

●「**幼稚園児**が歌ったら」「**6年生**が歌ったら」

　おそろしいほどリアルに変わります。いいところは思いっきりほめましょう。よかったときほど、「**どうしてできたのか**」を子どもたちにも自覚させましょう。

●「**怒った顔で　笑った顔で　泣いた顔で　やさしい顔で……**」

　低学年はすぐに反応できます。どの歌い方がその曲にピッタリくるかな?

●「**大きな口を開けて……**」より「**指3本!**」「**こいのぼりになって**」

　「トトロがあくびするときの口」というのも効果的ですね。具体的にイメージしやすい「例」をたくさん出してあげましょう。

●「**○○のところがすてきだったね。先生とってもだーい好き。もう1回聞かせて**」

　よいところもどんどん止めて、よい表現のための「確認」をしましょう。

・「いま、**誰か**すごくきれいな声で歌った。このへんから聞こえたんだけど……」

　誰もが「自分」を指してほしいから、みんな競ってきれいに歌い始めます。これは効果抜群!!

●「**運動場の向こうにいる友だちへ**」「**海の向こうの島まで……**」「**空高く飛んでいる鳥へ**」「**みんなの歌声を届けよう。それっ、いくぞ!!**」。「**きれいに飛ばそう!!**」

　元気よく明るく歌う意欲が歌声にのせられるように。中学年でも充分に使えます。

●「**すきな匂いをかいでごらん**」「**ああ、いいにおい……**」

　いい匂いを思いきりかいだとき、匂いは鼻のずーっと奥まで吸い込まれます。鼻の奥を意識して、ハミング(「ラ」くらいの高さ)で音を出させてみます。(低学年でも鼻腔の共鳴の理解につながります)共鳴がつくと歌声はグ～ンとやわらかくなります。

②中学年……チャレンジする心に訴えよう!

　　　　中学年の子どもたちは活動的。どんなことにでもチャレンジできます。この積極性が高学年への成長のカギを握ります。「歌う技術」「歌う心」

をしっかりと育てていきましょう。そんな中学年へは「勇気」と「チャレンジ精神」を育む「指導のことば」を多用しましょう。うまくできたら思いきりほめることもお忘れなく。「歌うことは楽しいんだ」「みんなでやったらできるんだ」「努力したらやれるんだ」「ぼくにもできそう」、そんな気持ちをどんどん引き出していきましょう。1時間の指導の中で「全員をほめる」ことを目標にしてもよいと思います。笑顔あふれる「合唱」の時間を通して、クラスや学年の結束が強くなっていけばいいですね。

自分の声がよく聞こえるよ！

- ●「大きな声で元気よく」より「**明るい声ですてきに**」
  センスを高めましょう。
- ●「○○くん、口がよく開いているね」
  実際には半分ぐらいでも、いつもより良ければどんどんほめる。表現することがあまり得意でない子どもをよく見てほめる。本人がほめられてびっくりしたら、クラス全体への波及効果もバツグン。
- ●「大きな声でなくてもいいよ。**自分の声をよく聴いて**歌ってごらん」「**友だちの声をよく聴いて**歌ってごらん」
  音程に意識が向くゆとりができて、音程がよくなります。
- ●「ほっかほっかのやきいもを食べる口で」「**口の天井を上げて**」
  「軟口蓋を上げる」などと言っても分からないので、子どもに分かることばで。（10ページ参照）
- ●「奥歯に**マシュマロ**をはさんで歌ってごらん」
  青筋たてて歌っていた子どもたち、ちょっと表情がゆるみます。
- ●「**奥歯を開けて**歌ってごらん」
  「大きな口を開けましょう」より、ずっとうまくいきます。
- ●「大きな目をあける」より「**びっくりした顔で**」
  先生のモデルが一番効果的です。
- ●「**やさしく歌ってみよう**」
  「地声」が復活してしまったときに使ってみましょう。
- ●「**納豆のように**ねばっこく、音をつないで歌ってみよう」
  「隣の人と肩をくっつけるように歌ってみよう」
  「母音をつなぐこと」で、歌声はやわらかくなり「レガート唱」が実現できます。
- ●「**高い音から下りてきて**ごらん……」
  高い音域の歌い方を、話し声の音域でも意識できるように。
- ●「**出しやすいところでがんばらないでね**」
  出しやすい音域は地声になりやすいのです。
- ●「**大好きな人にやさしく話しかけるように**」
  中・高学年では効果があります。

③高学年……プライドに訴えよう！

　成長と共に「恥ずかしさ」も生まれ、人前で歌うことに抵抗感を持つ子どもたちも出てきます。「高学年の男子を歌わせるのにはどうしたらいいですか」という質問をよく受けます。残念ながら私も100点満点の答えを持ち合わせていませんが、一ついえることは高学年になるまでに「歌声づくり」と「音楽はすてきなんだという気持ち」の育成をしっかり行っておくことです。「歌うことに誇りを持った子どもたち」「みんなで合唱することのすばらしさを分かっている子どもたち」は、「歌わない」という状態には決して陥りません。

　でも、目の前に「歌わない子どもたち」がいる状況だとすると、どのような指導が可能なのでしょうか。これは明らかに「気持ち」の問題です。まず、指導する側が子どもたちと真剣に向き合い、一人一人の気持ちをゆっくりでも変えていくことが成功へのカギだと思います。ただし、高圧的な指導は一時的な効果は生みますが、根本的な解決とはなりません。高学年の場合は強い信頼関係の上に立って、子どもたちの自尊心（プライド）に訴えかけるのが効果的だと思います。

　「歌う」という行為は、学校生活１時間１時間の集大成ともいえるので、下に示すような「指導のことば」も、日常のクラスづくりの基盤の上ではじめて効果を発揮します。

- ●「**生きてきた中で一番**きれいな声で……」
  　いい顔で、豊かな声で、すてきな声で、とにかく今、自分にできる100％で練習に立ち向かわせるためのことば。
- ●「**精いっぱい**、自分にできるすべてを**打ち込んだ人**、手を挙げてごらん」
  　少し追い込むときに有効的ですが、多用はしないでおきましょう。
- ●「今の歌声は**何％ですか？**」
  　自己採点は「自覚」につながり、課題の明確化も図れます。到達率が悪くても「次は工夫してもう少し上げましょう」と、あくまで肯定的に。
- ●「**低学年が耳を澄まして聴いているよ**」
  　高学年としての自尊心に訴えかけましょう。
- ●「次の**ブレスの位置**まで息を吐ききろう」
  　豊かな声を出すための呼吸は、「**吐く**」ことに意識を持たせたほうが効果的です。論理的なことばも高学年には有効です。
- ●「マリンバの**パイプ**を思い出して」
  　マリンバの下の共鳴管は、低いほど長い。パイプオルガンだって同じ。低い音域ではのどをしっかり開けて、太いパイプを体に通すイメージを想起させましょう。

音域 高い／低い
音量 大きい／小さい

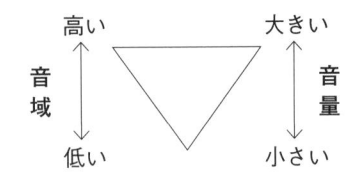

音域が高くなるほど音量は大きく
音域が低くなれば音量は小さく
　　　　　　　　　　（やさしく）

● 「楽譜は**2小節**でブレスだけど、**4小節続けてごらん**」
　長いフレーズを一息で歌うことで「息のコントロール」が図られます。そして、「声はおなかから」をより意識しやすくなります。
● 「**逆三角形で歌いましょう**」
　高学年には音域（縦軸）と音量（横軸）の関係を「逆三角形」という表現で伝えることもできます。図形を見せると、より具体的になります。
● 「**ひそひそ声**で話してごらん」
　ひそひそ声のとき、口は案外大きく開いています。まずは子どもたちに体験させ、確認をさせてみましょう。*P*（ピアノの表現）のときも口形はしっかり意識して歌うように指導しましょう。
● 「**とってもすてきな響きだね……。もう1回聞かせて**」
　先生が口を開けば「注意」でなく、よいときも音楽を止めましょう。「どこがよかったか」「どうしたからよかったか」を子どもたちと共有することは、次への大きな一歩につながっていきます。共有・確認したことを「文字」や「絵」で示して、教室のどこかに掲示することもとてもいいアイディアです。
● 「**みんなが力合わせたら**すごいなあ。合唱は一人ではできないものね」
　これぞ合唱の真髄!!　みんなでつくり上げるすばらしさを常に語りましょう。「合唱はみんなでつくり上げる芸術」と教室に掲示してもいいですね。
● 「**一片でも欠ければ、ジグソーパズルは完成できない**」
　一人一人がかけがえのない大切な存在であること。一人一人に役割と責任があることを伝えるために有効なことば。
● 「あなたの歌声、**誰に届けますか？**」
　単に歌うというのでなく、対象を持つことで歌うエネルギーが高まります。本番が近づいてきたら、対象をより明確にしてメンタル面の高まりも図りましょう。「ワークシート」に記述させる方法もあります。
● 「**ほかのパートが聞こえた？**」
　自分のパートだけで精いっぱいの段階から、さらに豊かな合唱へ高めていくための「ことば」がけです。実際パートの中にいると他のパートはなかなか聞こえてきません。でも相手のパートの音を聴こうとするゆとりが生まれたとき、合唱は完成に近づいています。
● 「○○くん（さん）**前に出てきて**……。気づいたことみんなに伝えて」
　できる限り多くの子どもたちに、先生の位置で歌声を聞かせてあげましょう。子どもたちの評価はとても分かりやすく、的を射ている場

合も多々あります。子どもたちは先を争って前に出たがりますが、評価のためのポイントはあらかじめ押さえておくほうがよいでしょう。「歌声」「音程」「表情」「強弱」「響き」「ハーモニー」「リズム」「テンポ」のいずれも肯定的な評価に心がけ、個人攻撃は避けましょう。そのほうが、聴くほうも聞かれるほうも意識の高まりや伸長がみられます。

● 「一つ一つの音を大切に！」「一つもムダな音はない」

　ピアニストのイングリット・フリッターさんとお話したとき、こんな質問をしてみました。「あなたがピアノを習い始めた頃、あなたの先生がおっしゃったことばで最も印象的だったことばは？」。すると彼女は「先生は『楽譜の中にはムダな音は一つもない』と言ったわ」という答えを返してくれました。音楽をつくり上げるときにとても大切なことだと共感できました。

トピックス 5　「選曲」は命の次に大切!!

①子どもたちが輝くための「発表会」の選曲

　「音楽会」「学習発表会」などの「発表会」で大曲や名曲を歌わせたいという気持ちはよく分かりますが、「選曲された曲」はあくまでも子どもたちを育てるための教材であることを頭に置いておきましょう。実力とかけ離れた選曲では、子どもたちに達成感が生まれません。選曲には充分な検討が必要です。

　以下、一般的な選曲のための基準を示しますが、子どもたちの特性・発達段階を充分に考慮し、子どもたちの持ち味が充分に発揮できるよう心がけましょう。

●**「高音が輝く」作品ですか？　音域は低すぎませんか？**

・子どもたちの「輝く声」の音域は、「高いドから上」です。低学年でも慣れれば「高いレ・ミ」でも輝いてくれます。逆に五線を外れた「低いレ・ド」はなかなか美しくは歌えません。

・全体的に「音域」が低い場合は、移調して「音域」を高くすることは可能です。

●**長く歌い込める質の高い作品ですか？**

・「新曲」が必ずしもいいとは限りません。他校の演奏を聴いたり、市販のCDなどの音源を手がかりにしてよい作品を見つけましょう。「よい作品」とは、サビの部分のメロディーが心に残り思わず口ずさんでしまう作品です。また、歌詞も映像として自然に浮かんでくるような作品です。「名曲」といわれる作品はそれらの要素を含んでいます。

〔例〕

・低学年

　わらべうた　童謡・唱歌　外国民謡　音楽物語　など

・中学年

　「夕日が背中を押してくる」「地球の子ども」「おくりもの」「ともだちはいいな」「青い地球は誰のもの」「まきばのこうし」「たいようのサンバ」など

●**歌詞は子どもたちの心情にピッタリと合っていますか？**

・少し難しいことばでも、かみ砕いて説明すれば分かるものはチャレンジさせてもいいでしょう。「いい歌詞」は子どもたちもすぐに覚えます。また、歌い間違いも少ないものです。メロディーだけでなく、ぜひ「歌詞」にもこだわりましょう。

●**子どもたちの実力に合った作品ですか？**

・声部の多い作品でも、子どもたちの発達段階に合わせて主旋律だけ

を斉唱で歌うというような段階的指導も場合によっては必要でしょう。特にクラシックの名曲などは主旋律だけを歌っても感動は得られます。とにかく、子どもたちの実力に合った選曲を行うか、選曲した作品の練習を子どもたちの実力に添った形で進めましょう。

●選んだ作品で何を教えるかが明確ですか？

・例えば「高い音を美しく歌わせたい」「音の重なりの美しさを感じさせたい」「歌詞に共感させ一体感を生み出していきたい」「子どもたちの思いをさらに広げさせたい」「子どもたちの思いをさらに深めさせたい」という具体的なねらいをもって選曲しましょう。「聞き映えがするから」「子どもたちが好きだから」のように主体性のない選曲は避けるべきで、指導する側の意図がその作品の中にあることが求められます。

②高学年の選曲

「高学年の選曲には頭を悩まされる……」という声をよく聞きます。高学年の選曲には大きく分けて三つのアプローチの方法があると思います。

一つめは、子どもたちの心情に近い作品です。歌詞もリズムも子どもたちが普段の生活の中で触れているものです。いくつか候補を上げて子どもたちに選曲させてもいいでしょう。ただし、音域の低い作品、難易度の高い作品は候補としては適しません。

もう一つのアプローチは、人類の宝ともいうべきクラシック作品を編曲したものを粘り強く仕上げることです。高い音楽性に触れることは、音楽の普遍的な価値を理解するための礎をつくるのに最適です。

そしてさらに付け加えるなら、私たち日本人の「心の歌」です。時代を超えて歌い継がれてきた作品、世代を超えて歌える作品へのアプローチです。

子どもの心情に合った選曲例（心から歌える作品）

「旅立ちの日に」「つばめのように」「U＆I」「翼をください」「時の扉」など

クラシックの名曲に迫る選曲例（時空を超える作品）

「歓喜の歌」（ベートーベン作曲）・「ジュピター」（ホルスト作曲）・「魔法の鈴」（モーツァルト作曲）・「Goin' Home」（ドヴォルザーク作曲）など（すべて横山潤子編曲）

我が心の歌の選曲例（ア・カペラに挑戦）

「ふるさと」「夕やけ小やけ」「赤とんぼ」など（すべて横山潤子編曲）

第Ⅳ章

合唱名人への道

1 指導の腕を上げよう

1. 合唱はすてきだ

　合唱は、最も学校にふさわしい活動です。「力を合わせてつくり上げる」「みんなの気持ちを一つにしてつくり上げる」、そういう活動だからです。みんなが同じ目標をもって協力し励まし合い、一人一人の実力が向上し結果としてより高い演奏をつくり上げることができます。こんなにすばらしい学びの場を活かさない手はありません。表現を深めていく過程で、子どもどうしの磨き合い、教師と子どもとの信頼関係の深化……と、様々な経験を通して絆がいっそう深まっていくのが合唱指導の理想的な姿なのです。

2. 理想的な合唱をつくり上げるために

　やはり、教える側の力量が望まれます。まずは子どもたちとの信頼関係をガッチリと結び、子どもたちが意欲をもって目標に向かおうとする「学級・学年づくり」ができること。加えて、演奏についての技術的な力量が必要です。「大きな声」「しっかりした声」を出させることはできても、「豊かな声」「美しい声」を出させるには、やはり教える側の確かな指導技術が必要です。また、ハーモニーを整えるためには、ハーモニーの善し悪しを聴き分ける「耳」も大切になってきます。これは一朝一夕にできることではありません。じっくりと粘り強く自分を高める努力を重ねることです。そのためにもまず研修会やコンサートなどへ積極的に足を運び、「自分の求める歌声」をより具体的にイメージしましょう。イメージできたら、その「声」に向かって進むのみです。

3. 指導技術を高めるには

　二つのアプローチが考えられます。最も手っ取り早いのは「名人」と

いわれる先生の指導をたくさん見ることです。「名人」は、学級経営の力量も音楽的な力量も備えた先生だからです。その授業や練習の中には、質の高い「合唱」をつくり上げるための「モティベーションを高めることば」、合唱の質を高めるための子どもたちへの「指導のことば」が満ちあふれています。お許しが得られたらビデオに撮らせていただき、詳しく分析してみましょう。これらの作業は、宝の山への地図を自らが作っていくプロセスです。研修会でのワークショップもとても有効な機会ですが、「名人」の分析も同じくらいよい学びの機会となります。

　二つめのアプローチの方法は、逆に「名人」に自分の「指導」を見てもらうことです。きっと様々な視点から長所・短所を指摘され、課題も明確となってくるでしょう。自分を人前にさらすことは勇気と準備が必要です。私も駆け出しの頃は、よく「名人」に指導を見てもらいました。また、コンクールにも参加して厳しい指導をたくさんいただきました。今、そのすべてが自分の中に生きて働いています。

4.「名人」もはじめは「初心者」だった

　実際に名人の指導（授業）を見せていただいて、「うん、これならできそう」「こうすればいいのか」「自分の指導の方向は間違っていない」と、目標達成へのロードマップを確認されている先生もいらっしゃるでしょう。そういう先生方はどうぞ今の努力をお続けください。

　しかし、「あまりにかけ離れている」「まったく足元にも及ばない」と、あまりの実力差に落胆してしまう先生もいらっしゃることでしょう。でも、そこがすべての出発点なのです。なぜなら、最終目標である「名人の授業」を確認できたわけですから、後はかけ離れている部分を冷静に分析し補っていけばよいのです。どんな名人でも、はじめから「名人」であったわけではないのです。

　名人といわれる人は、「もっとよい合唱をつくり出すには……」「もっと分かりやすく伝えるには……」と常に考え悩み続けることのできる人なのです。人の能力にはそれほど大きな差はありません。「継続する力」「一歩踏み出す勇気」がすべてを決定づけるような気がします。

5. ピアノは弾けなくても合唱指導はできる

　「私はピアノが弾けないから……」というお話をよく聞きします。でもご安心ください。実は音楽の専門教育を受けていない私も、ピアノの

腕はバイエルが終わった程度です。しかし、合唱指導に不自由を感じたことはありません。伴奏が譜面どおり弾けなくても合唱指導はできます。合唱の本場、ヨーロッパの学校では、むしろピアノなしで授業をすすめている場面が多く見られます。それは先生がピアノを弾けないからではないのです。ピアノの腕と合唱指導の善し悪しとは直接関係しないからです。ですから正確に単音が弾けて、コード伴奏が少しできるような段階まで努力すれば、合唱指導に不都合は生じません。最終の発表段階ではピアノの達者な先生、ゲスト・ティーチャー、子どもたちに活躍いただければいいでしょう。むしろ自ら鍛えるべきは、音程・リズム・音楽全体の善し悪しを判断できる「耳」であり、美しい声を生み出す「スキル」の習得であり、子どもたちの心をつかむ「学級経営の力」なのです。

6. 勇気をもって一歩踏み出そう

　はじめて本格的に歌唱指導に取り組んでみようと思われる先生方は、まず自分が気に入った作品を教科書や市販の曲集などからいくつか選んでみましょう。そして、選んだ作品の楽譜を見ながら声を出して歌ってみましょう。楽譜を見てもなかなかイメージの湧かない場合は、範唱用のCDを聴きながらいっしょに歌ってもかまいません。
　だいたい覚えられたら、今度は楽譜とにらめっこです。楽譜に書いてある強弱記号や曲想記号どおりに歌えているかチェックしましょう。ここまでやれば、とりあえず最低限度の準備は完了です。子どもたちの前に立ったら、CDで作品を紹介してもいいでしょう。もちろん自分で歌って紹介するのもすてきです。作品全体のイメージを伝えたら、一まとまり（フレーズ）ごとに区切って、子どもたちに伝えていきましょう。とにかく自分で選び紹介する……。ここからスタートしましょう。伴奏はギターが弾ければギターでも一向にかまいません。最初は簡単で親しみやすい作品がいいでしょう。とにかく自分が主導権をもって「歌を伝える」という一歩を、勇気を持って踏み出しましょう。

7. 一歩を踏み出したあなたへ

　自分の力で音楽を伝えるということは、それほどたやすいことではありませんから、最初の頃は緊張や苦痛が伴います。しかしながら、次第に「音楽を伝える」ことが喜びに変わってくるのです。そして「もう少し創造的な指導を目指したい」という気持ちが生まれてきた先生方には、

次なる課題として「楽譜への書き込み」という作業が待っています。

　自分で歌いながら楽譜にない表現の工夫を書き込んでいくのです。「この部分はもっとクレシェンド」「この部分はもっと優しく」……というふうに楽譜に書き込みをします。書き込む内容としては、音量の大小、音の強弱、ブレスの位置、発音をクリアーにするために「カ行」「タ行」「サ行」を○で囲みます。自分の書き込みをもとに、だいたい作品のアウトラインを伝え終わったあたりで、少し細かなオーダーを子どもたちに出してみましょう。

　また、一方的に伝えるのではなく「このことばはどんな気持ちで歌えばいい？」とか「この曲を誰に伝えたいですか？」などと、作品を歌い込むために必要な事項を子どもたちにも積極的に投げかけていきます。返ってきた答えを指導の中に生かしていくこともできるでしょう。また、子どもたちから出た意見や感想は、板書するなり短冊に書いて掲示するなり、視覚的な記録として残すことも有効です。

楽譜書き込み例

8. 失敗から学ぼう

　　　　指導がうまく届かない場合の原因は、課題に挑むための準備が教わる

側の子どもたちに整っていないか、教える側の指導技術の未熟さにあります。例えば、いきなり高い「ミ」の音を「もっと豊かに出しなさい」と言ったとしても、子どもたちに「高い声を出すためのスキル」が習得できていなければ出せるはずがありません。また、「高い音の出し方」をある程度習得している子どもたちであっても、先生の指示の不充分さからモティベーションが高まらなければ子どもたちは声を出しません。結果として「高い音が出せない」という状況に陥ります。前者の場合は、「高い音を出すための準備」を丁寧に積み上げねばなりません。後者の場合は、適切な指導法を適切な指導のことばにのせて子どもたちに届けられるような技術を指導者自身が磨く必要があります。といっても劇的なスキルアップは望めませんから、自分の指導の方向性が誤っていないか常に確かめながら進めましょう。気軽にアドヴァイスがいただける「名人」を探しておくとよいでしょう。指導中の音や動画を名人に送り、指導を受けるだけでもよい勉強になりますよ。

9. 成功から学ぼう

　毎時間同じように見えても、子どもたちの心理状態はいつも違います。思うような指導ができない中にも「今日は少し反応がよかった」「今日は子どもたちがよく歌った」ということを感じられる瞬間があるでしょう。私たち指導者は、どちらかというとうまくいかなかった原因を追究しがちです。しかしながら、私は「うまくいったときにこそ成長のカギがある」と思います。うまくいったときにも演奏を止めて、良かった所を確認したりほめたりします。「今とてもやさしい声が出たのは、みんな笑顔だったから」「みんなの口がパカーッと開いていたので、高い音がとってもきれいだった」……。成功したとき指導者だけが自己満足して「うんうん」とうなずくのでなく、みんなで成功を共有することにより、成功の喜びは強められて定着へとつながっていくのです。また、成功の詳細な分析により、成功のための必要条件がより鮮明に浮かび上がってきます。「失敗の分析」ばかりでなく「成功の分析」も大いに活用し、「こうすればうまくいく」というモティベーションを子どもたちのステップアップの原動力としていきましょう。

10. 笑顔は最高の準備

　歌唱に限っていえば、「笑顔」は必ずといっていいほどよい結果を招

●笑顔の効能
・ほっぺたが上がっている
・口が開いている
・やさしい気持ちになる
・力が抜ける
・気持ちがいい
・思わず歌ってしまう

きます。子どもたちの「笑顔」の原因は様々です。「前の授業時間にいいことがあった」「休憩時間に友だちと楽しく遊んだ」「先生の話がおもしろかった」……。子どもたちがニコニコ、ゲラゲラ、ガッハッハーと笑った後の声は、例外なく不思議と「豊か」で「生命力」があります。良い声で歌ったらすかさず「その声!!」と一声かけてあげましょう。そして、たくさんほめてあげた後に、「笑顔の効能」についての分析をやってみましょう。

　実際に「笑う」ことは、精神的・身体的なリラクゼーションにつながります。笑った後は「フッ」と良い声が出るのはこのためです。ですから、**「ガッハッハー」と笑う瞬間をつくり出すことはとても有効**なことなのです。

11.「二者択一」は効果絶大

　歌唱指導のための指導技術は無限にあると思いますが、最もシンプルで最も効果が高いのは、先生が歌ってモデルを示し、子どもたちが「まねる」ことです。その有用性は、「学ぶことはまねること」という言葉で的確に示されています。声楽的な知識がなくても、先生の感性が高ければ、それをまねた子どもたちの歌声は先生の感性と同じ高さまで容易に到達します。

　さらに一歩進んだ方法は、子どもたちに「二つのうちのどちらかを選ばせる」という方法です。「望ましいモデル」を示し模倣させるだけでも充分ですが、「望ましくない歌声」のモデルを示す技術が先生にあれば、二つの歌声を提示して「どっちがいい？」と尋ねましょう。答えは決まっていますが、二つのモデルを示すことでより強く「望ましい歌声」を子どもたちに強く印象づけることが可能となるでしょう。特に低学年の子どもたちには、この「二者択一」による指導が効果を上げます。

　CDによりモデルを示すことも一つの手段ですが、そればかりでは意図を持った「歌唱指導」は望めません。歌声だけでなく、フレーズの音の延ばし方、クレシェンドの仕方、レガートとスタッカートの歌い方、スラーとタイの歌い方、口の開け方、視線の方向……、あらゆる場面に「二者択一」による指導場面の設定は可能です。

12. 低学年こそ磨こう「声」「耳」「心」

　低学年の指導の理想を一言で述べるなら、「思いっきりの元気の中で、

確かな音楽性を磨く」ということでしょう。楽しく元気な音楽の授業はもちろん基本ですが、「キラリ」と光るセンスも同時に身につけさせてあげましょう。例えば「元気な声」のほかに「やさしい声」「きれいな声」も出せるといいですね。低学年の子どもたちがあこがれる高学年の声があると話は早いです。「歌声づくり」は、ぜひ全校をあげて取り組みましょう。

　そして、指導の基本は「やさしいもの」から「難しいもの」へ。「シンプル」から「複雑」へ。「ゆっくり」から「速く」へ。「具体的な体験」から「ことばによる指導」へ。これらを駆使して「歌声づくり」「耳づくり」、そして「心づくり」を進めましょう。

　特に「心づくり」では、次のような心が育つといいですね。

●**感じる心**……様々な作品との出合いを通して「思い」を持ち、ことばや文字や絵で気持ちが表現できる子どもに。

●**チャレンジする心**……「やってみよう」とういう積極性と好奇心をもてる子どもに。歌うことだけでなく、あらゆる機会に自らすすんで取り組める子どもに。

●**高め合う心**……みんなで磨き合うことを楽しめる子どもに。

●**よろこび合える心**……「心」を合わせ、「拍」を合わせて演奏することをよろこび合える子どもに。お互いの成功をよろこび合える子どもに。

　これらの「心」は、中・高学年で音楽をすすめていく上での大きな原動力となります。これらの「心」を実現するための最もシンプルで効果的な方法は「タイミングよくほめること」です。そして絶えず「笑顔」と「笑い声」が教室にあることです。

13. 男の先生の最大の武器は「裏声」

　男の先生も勇気をもってどんどん歌いましょう。ビックリされるかもしれませんが、特に男の先生の「裏声」は高音域の指導に思わぬ威力を発揮します。男の先生の声は変声しているので、子どもたちの声より1オクターブ低いのです。ですから、「地声」は子どもたちには少し違和感があるようです。が、男の先生の高音域での「裏声」は、子どもたちには「やさしく」「透明感」のある歌声に聞こえるようです。ですから難しい理論や所作を教えるより、「先生のように歌ってごらん」というこの一言で歌声指導ができてしまうことがあります。地声で出しにくい音域を「裏声」（ファルセット）で密かに練習し、勇気をもって「高音域の歌声」の指導に挑みましょう。

　「それじゃあ、女の先生は……？」というと、あまり「声楽的な歌い方」

はギャップが大きすぎて子どもたちには違和感があるようです。むしろヴィブラートを外して「清楚」に歌うほうがよいのではないかと思われます。そして子どもたちの歌声がどんどん成長し、もっと高度な表現の仕方を子どもたちが求めたときには、「声楽的な歌声」に触れさせてあげることは大きな意味を持つでしょう。

14. 指示もハンドサインで

集合・注目

座る

立つ

合唱指導に限らず、私は学校の様々な場面でハンドサインを使います。といっても階名「ドレミファ……」のハンドサインではありません。「人差し指で天を指す」ハンドサインは、「体操座りで全員注目」。後は、「立つ」「座る」を指示のことばなしにハンドサインで行います。これは千人規模の学校でも、3分もあれば指導が完了します。全校集会、音楽集会、一斉下校など、学校行事のあらゆる場面でムダな時間省くことが可能となります。もちろん野外活動や修学旅行でもその威力は絶大です。合唱団が行動するときには、混み合った空港、駅のホーム、コンサートホールのロビーなどでも、何の苦もなく子どもたちを集め指示を伝えることができます。

指導の順序は次の通りです。全校生を対象とした場合は、まず最初に子どもたち全員を着席させます。そして「立つ」「座る」の動作を何度か練習します。全員が早く反応できるようにするためには、よい競争をさせることです。子どもたちは元来「競争」が大好きです。「一番早く立った子ども」をほめてあげると、あとは推して知るべし。次に「着席して注目」の練習です。「先生が人差し指を上げたら全員が座って先生を見るサインです」と伝えてさっそくやってみます。「早く先生のサインに気づいた人は、近くで気づいていない人に声を出さずに教えてあげてね」とつけ加えます。これで完了です。

ハンドサインにより、指示のためのムダな時間が減り、「指導時間」が確保できます。また、子どもたちが常に「先生の手」を意識することは、合唱指導の際の「指揮」を見ることにもつながっていくのです。

15. 見えないものを工夫して伝えよう

例えば高い音が上がりきっていない場合、「上がりきっていません」「もっと高く」というようなことばだけの指示では、すぐに改善は見られないでしょう。そんなとき、人差し指を1本天に向けながら「もっと高く」

と指示してみるとずいぶん違う結果が生まれるでしょう。また、ロケットのようなジェスチャーを示しながら「もっと高く」と言ってもいいでしょう。「音」は目では見えません。しかし見えるようにするための工夫はいくらでもあります。ハンドサインは究極の工夫かもしれませんね。

　もう一つ見えないものを見せるための工夫として、「体験させる」という方法があります。例えば、よい姿勢を保持するための指示として「ちゃんと立ちなさい」ということばをよく聞きます。まちがいではないですが、「背筋を伸ばしましょう」「一番高い姿勢で」などのほうがより具体的でしょう。さらに次のように、実際に動作をつけて確かめさせる方法であれば効果は絶大です。「まず両肩を耳につくまで上げます」「次にその肩を後ろへグッと持っていきます」「そのまま下ろします」。こうすると背筋がスーッと伸びたとても良い立ち姿となります。その逆もやっておくといいでしょう。つまり悪い姿勢の典型も体験させておきます。「まず両肩を耳につくまで上げます」「次にその肩を前へ持っていきます」「そのまま下ろします」。こうすると背骨が曲がった美しくない立ち姿となります。歌うために大切な呼吸・共鳴も、体験を通して確実に伝えていきましょう。

16. ポートフォリオ（足跡）を残そう

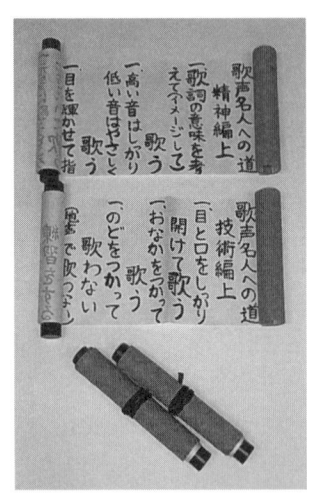

　指導をすすめていく過程で子どもたちに示した「絵」「ことば」などは大切に保管しましょう。同時に子どもたちから出た「発見」「思い」「感想」も学習の足跡として残しましょう。子どもたちの「発見」は「発見ボード」のようなものをつくり、発見したことを短冊のようなものに書き、その都度、貼り付けていきます。短冊に書くのは「文字」でも「絵」でもいいです。「思い」「感想」は、いつでもみんなが読めるように文集としてまとめておくのもよいアイディアです。

　そして「演奏」もぜひ残していきましょう。これは子どもたちと共に歩んだ証として、また自分の指導技術の「振り返り」として……。

　録音機器も手軽で安価となり、その場でCDをつくることができる機器もあります。CDを再生させ、自らの指導を「振り返り」ながら、子どもたちにも観点を定めて「振り返り」を行わせると効果的です。観点となるのは、先生が指導の中心に据えていること、例えば「高い音がきれいに出ているか」「低い音は地声になっていないか」「きれいにハモっているか」などです。ビデオ撮りをすれば、子どもたちの歌っている表情まで振り返ることができるし、先生の「指揮」や「指導のことば」、そして「表情」「視線」までも振り返ることができるのです。

6年生が卒業記念に作成した巻物「歌声名人への道」（精神編と技術編）

巻末資料

ひとりでさびし

東北地方わらべうた

| ひとりでさびし | ふたりでまいろ | みわたすかぎり | よもやまほーい | いつまでまとー | むこうのやまに | ななくさつんで | やまとのくにの | ここのえさくら | とーとのものよ |

☆「1」から「10」の数字を頭文字として、美しい自然の情景を実に美しく歌っている。「わらべうた」をステージで発表するとき、この歌を歌いながら入場するというのも効果的。

いちばんぼしみつけた

わらべうた

いちばん ぼし みつけた あれ あの
もり の すぎ の き の うえ に

1. 「わらべうた」をカノン・合唱へ

● 2声のカノン

ほたるこい

わらべうた
椿野伸仁 編曲

● 3声のカノン

ほたるこい

わらべうた
椿野伸仁 編曲

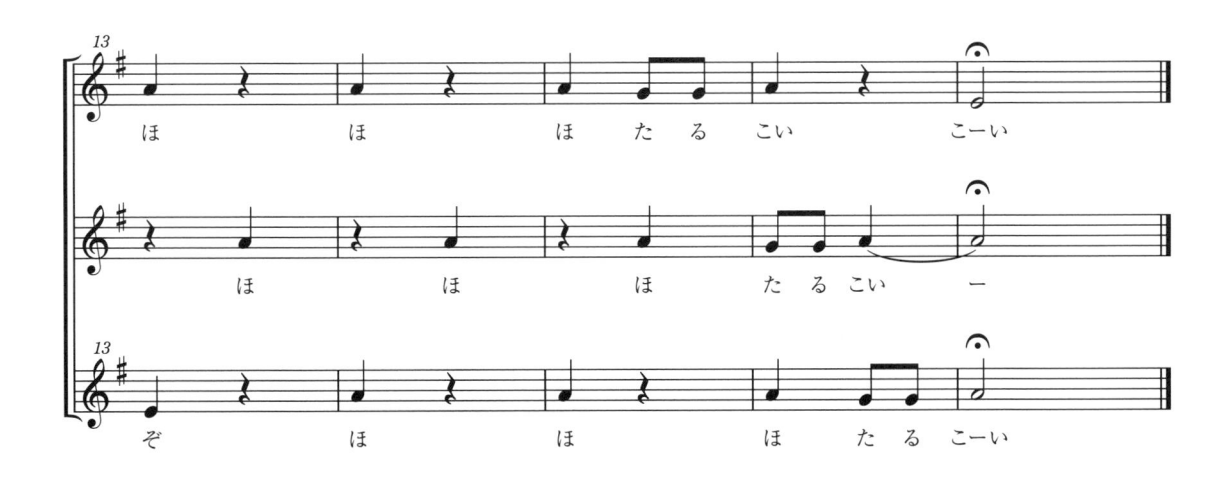

I ほ ほ ほ た る こ い あっ ち の み ず は

II ほ ほ ほ た る こ い あっ ち の み

III ほ ほ ほ た る こ い あっ ち の

に が い ぞ こっ ち の み ず は あ ま い ぞ

ず は に が い ぞ こっ ち の み ず は あ ま い ぞ

み ず は に が い ぞ こっ ち の み ず は あ ま い

ほ ほ ほ た る こ い こー い

ほ ほ ほ た る こ いー

ぞ ほ ほ ほ た る こー い

● 2声のカノン

なべなべそこぬけ

わらべうた
椿野伸仁 編曲

（楽譜）

I: なべ なべ そこぬけ ー ー ー な べ な べ そ こ ぬ け ー ー そ こ が ぬ け た ら か え り ま しょう ー ー な べ な べ そ こ ぬ け そ こ が ぬ け た ら か え り ま しょう ー ー な べ な べ そ こ ぬ け そ こ が ぬ け た ら か え り ま しょう か え り ま しょう

II: な べ な べ そ こ ぬ け な べ な べ そ こ ぬ け そ こ が ぬ け た ら か え り ま しょう な べ な べ そ こ ぬ け そ こ が ぬ け た ら か え り ま しょう な べ な べ そ こ ぬ け そ こ が ぬ け た ら か え り ま しょう か え り ま しょう

● 2声のカノン

かくれんぼ

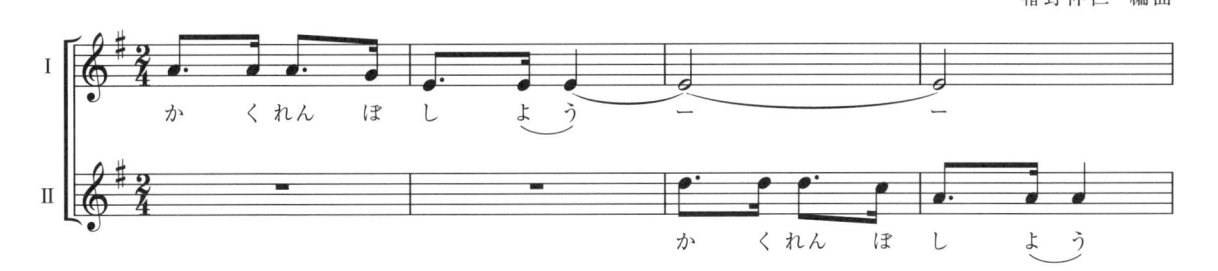

わらべうた
椿野伸仁 編曲

● 2声のカノン

じんじん

沖縄のわらべうた
椿野 伸仁 編曲

〔注〕じんじん……沖縄で「ほたる」の意

●パートナーソング　Aほたるこい＋Bじんじん

椿野伸仁 編曲

【歌い方】
① 「ほたるこい」をみんなで歌う
② 「じんじん」を続けて歌う
③ A、Bに分かれて、「ほたるこい」と「じんじん」を同時に歌う

2.「わらべうた」によるステージング　　巻末資料楽譜を使って

①ステージングのポイント

・見ていて「いいなあ」……動作・振り付け（わらべうた本来の動き・演出をプラスした動き）
・聞いていて「いいなあ」……歌声・声の重なり（自然な歌声・簡単なカノン・簡単なふしの重なり）
・やっていて「いいなあ」……動きながら楽しく学べる（拍・リズム・音程）

②「わらべうた」によるステージング構成

MC　舞台の下手で……暗転時はスポットで
「『わらべうた』って知ってる？」
「『わらべうた』はずっとずっと前から伝わってきた子どもたちの歌だよ」
「200年も300年も前から」
「おばあちゃんの、そのまたおばあちゃんの……」
「おじいちゃんの、そのまたおじいちゃんの前からずっと続いてきたんだ」

「でも、ぼく『わらべうた』なんて知らないよ」
「そんなことないわ。「じゃんけん」知ってるでしょ」
「うん」
「やってみようか。じゃんけん、ほい」
「これも『わらべうた』なのよ」
「へー」

「かくれんぼするとき、なんて言う？」
「もういいかい」
「もういいよ」
「これもすてきな『わらべうた』」
「じゃあ、これからみんなで『わらべうた』の世界を探検してみましょうか」
「わあ、すてきなメロディーが聞こえてきたよ」

M①「ひとりでさびし」（99ページの楽譜参照）が聞こえてくる

☆舞台の両袖から歌いながら、舞台中央に集まってくる……歌い終わりで整列完了

MC
「なにして遊ぼ」（ふしをつけてもよい）
「なにしよう」
「『なべなべそこぬけ』にしようか？」
「うん。そうしよう」

M②「なべなべそこぬけ」（102ページの楽譜参照）
・「なべなべ〜」全国版（全員で2回歌う、二人ずつ8組、前でパフォーマンス、1回め向かい合って・2回め背中合せで・歌い終わると4人組になる）
・「なべなべ〜」（全員で2回歌う、4人ずつ4組、1回め内側を向いて、2回め外側を向いて）
・「なべなべ〜」2声のカノン（パフォーマンスもカノン　向かい合って）
・「なべなべ〜」4度下のカノン（難しければ、省略可。パフォーマンスもカノン　背中合せで）
・「なべなべ〜」合唱（パフォーマンスは同じ動きで。2回めの「かえりましょう」で自分の位置へ）
　＊時間が充分にある場合は、お手玉遊び、紙風船つきなどを追加することも可能
暗転へ（ペンライトを用いて、ホタルのようにステージ各所で点滅）

MC
「あっ、ほたるだ」
「ほんとね」
「ほたるが住む場所って、水がきれいなんでしょう」
「そうだよ。昔は、このあたりにもいっぱいホタルがいたんだって」
「ほたるのうた、歌おうか」
「うん」

M④「ほたるこい」（100〜101ページの楽譜参照）
・全国版（ユニゾンから2声へ）
・2声から3声へ（3声は2回くり返して、2回めだけオプショナル）

MC
「あのね、沖縄で『ほたる』のことなんて言うか知ってる？」

「知らない」
「『じんじん』っ言うんだって」
「おもしろい名前だね」
「日本各地でいろいろな名前がついているんだろうね」
「また調べてみたいなあ」
「じゃあ、『じんじん』歌ってみるよ」

M⑤「じんじん」（104ページの楽譜参照）
・ユニゾンで1回歌う
・ユニゾンに続いてカノン。続いて4度下のカノン

MC
「こんどは兵庫のほたると沖縄のほたるを一緒に歌ってみましょう」
・「ほたるこい」（全員で1回歌い、引き続き「じんじん」も歌う。「じんじん」の最後は少し延ばす）
・［「ほたるこい」＋「じんじん」］（105ページの楽譜参照）を2回くり返す。2回めはオプショナルで終止。

MC
「楽しかったね」
「うん」
「じゃあこんどは、かくれんぼしよう」
「そうしよう」（ふしをつけて）

M⑥「かくれんぼ」（103ページの楽譜参照）
・1回めは少人数のユニゾンで
・2回めは全員で
・3回めは二つのグループの［カノン］で

「もう暗くなってきたから、帰ろうか」
「そうだね」
「あっ、いちばんほしみーつけた」

M⑦「いちばんぼしみつけた」（99ページの楽譜参照）（舞台暗転）
＊「いちばんぼしみつけた」のかわりに、地域の「子守歌」を歌っても効果的
　また、「いちばんぼしみつけた」に引き続き、「子守歌」を歌ってもよい

(了)

あとがきにかえて

　合唱は「出会いの不思議」に満ちています。
　作品との出合い、作品をとりまく人との出会い……それは時間を超えて、空間を超えて突然やってきます。
　私の出会いを少しお話しいたしましょう。
　合唱の扉を開いてくださったのは大学時代の恩師・丸谷吉清先生。初めて聴いた少年少女合唱の清らかさ……今も忘れません。

　世界の合唱への扉を開いてくださったのはハンガリーのサボー・ヘルガ先生、町田コダーイ合唱団の大熊進子先生。お二人の先生には毎年のように私たちの学校や合唱団の子どもの指導に来ていただきました。

　合唱の崇高さを教えてくださったのはレーゲンスブルグ大聖堂少年合唱団（ドイツ）のローランド・ビュヒナー先生。大聖堂に響く子どもたちの敬虔な歌声はまさに「神のもとに歌う」。日本・ドイツ双方での合同演奏も10回を数えています。

　人の声の神秘について教えてくださったのはグニラ・ウォーレン・ミッテンドルファー先生（ウィーン国立音楽大学）。2週間で40回の解剖学的なアプローチを取り入れた個人レッスンは、生涯最初で最後（？）の声楽のレッスンとなりました。

　合唱の楽しさを教えてくださったのはウィーンオペラ少年少女合唱団のエリザベート先生、チェコ少年合唱団ボニープエリのホラーク先生。

　そして自らの30年の足跡を整理・発信する機会を与えていただいたのは『教育音楽』編集長の岸田雅子さんです。

　こんなふうに合唱を通して私自身が心動くたくさんの出会いを体験してきたように、未来を生きる子どもたちにもぜひ「すてきな出会い」をプレゼントし続けたいと思っています。

2012年7月　椿野伸仁

[著者紹介]

椿野伸仁（つばきの・のぶひと）

佛教大学文学部教育学科（現・教育学部）卒。現在　兵庫県稲美町立加古小学校教諭。歌唱・合唱指導のベテラン教師として全国の教員からの信頼が厚い。また兵庫稲美少年少女合唱団を率い、8回の海外（うち6回ヨーロッパ）公演を実施。海外の教育事情にも詳しい。
昭和63年度神戸大学教育学部へ内地留学（特別支援教育）
平成22年度兵庫県優秀教員（作文・合唱指導）
平成24年度文部科学大臣優秀教員表彰

音楽之友社
音楽指導ブック

[音楽指導ブック]
ゼロからのチャレンジ
はじめての合唱指導
わかりやすい理論とアイディア

2012年 8月31日　第1刷発行
2023年 4月30日　第9刷発行

著　者	椿野伸仁（つばきの のぶひと）
発行者	堀内久美雄
発行所	東京都新宿区神楽坂6-30
	株式会社 音楽之友社
	電話 03(3235)2111(代)
	振替 00170-4-196250
	郵便番号 162-8716
	https://www.ongakunotomo.co.jp

© 2012 by Nobuhito TSUBAKINO

装　丁	廣田清子（office SunRa）
装画・イラスト	ちば あやか
印　刷	星野精版印刷㈱
製　本	誠幸堂

この著作物の全部または一部を権利者に無断で複製（コピー）することは著作権の侵害にあたり、著作権法により罰せられます。
日本音楽著作権協会(出)許諾済　1209537-309号
ISBN978-4-276-32152-6 C1073
Printed in Japan
落丁本・乱丁本はお取替いたします。

全国の教室で大人気！
音楽之友社の好評！児童・生徒向けソングブック、音楽劇＆合唱曲集

日本コロムビア㈱より同名のCDが発売されています。
お問合せ先　TEL.03-6895-9001

小学生向け斉唱および同声合唱曲集

教室から生まれたクラス合唱曲
Great Power 〈集会・行事の歌〉
作曲　中山真理、山崎朋子、筒井雅子、松井孝夫 他
B5判　72ページ　定価（本体1,600円+税）

学校の先生方が子どもたちのために作った歌を集めた易しい2部合唱曲集。
〈収録曲目〉みつけよう大切なもの〈2部〉／大切なもの、手のひらをかざして〈2部〉／海はぼくらの生命（いのち）〈2部〉／Great Power（グレイトパワー）〈2部〉／さがそう地球の宝物〈2部〉／未来行きEXPRESS（エクスプレス）、Let's Fly（レッツフライ）〈2部〉／マイバラード、友がいるなら〈2部〉／みんなともだち〈2部〉

教室から生まれたクラス合唱曲
未来へのマイルストーン 〈卒業の歌〉
作曲　白川惠介、河原木孝浩、松井孝夫、山崎朋子 他
B5判　60ページ　定価（本体1,600円+税）

教室から生まれた卒業ソング集。
〈収録曲目〉空に描いたアルバム〈2部〉／はばたこう明日へ〈2部〉／懐かしい日々〈2部〉／友達でいようね〈2部〉／未来へのマイルストーン〈2部〉／最後のことば〈2部〉／君がいた季節〈2部〉／あしたへのノート〈2部〉／ゆずり葉〈2部〉／きみが輝くとき〈2部〉／また会う日までさようなら〜卒業生を送る歌〜〈2部〉

若松歓　ソング＆コーラスセレクション〔同声版〕
この地球のどこかで
作曲　若松歓
B5判　68ページ　定価（本体1,600円+税）

小学生向け斉唱および同声2部合唱曲をセレクション！
〈収録曲目〉U&I／南風にのって／ともだちできたよ／この地球のどこかで／涙こえながら〜卒業式の日に〜／さよならは言わない／桜の下で／最後のチャイム／セピア色になっても／ありがとう／Good-bye また明日ね

小学生のためのソング＆コーラス
エール!! 美鈴こゆき作品集
作詞／作曲　美鈴こゆき
B5判　40ページ　定価（本体1,400円+税）

小学校向けの歌とやさしい2部合唱曲で構成。
〈収録曲目〉エール!!〈2部〉／太陽にチャレンジ！〈2部〉／まあるくなろう〈斉唱/2部〉／バイ・バイ・マイ・フレンド〈斉唱〉／冬がやってきた〈2部〉／ハッピー・メロディー〈斉唱/2部〉／スクールライフは、エンジョイしなくちゃ〈2部〉／たいようのサンバ〈2部〉／バーム・バーム〈2部〉／ハーモニー〈2部〉

アキラさんのソングブック
宮川彬良ソング＆コーラス
作詞　大谷恵美、下山啓、ヒビキ・トシヤ　作曲　宮川彬良
B5判　64ページ　定価（本体1,600円+税）

NHK教育テレビ番組「クインテット」の「アキラ」として知られる宮川彬良の初の斉唱＆2部合唱曲集。
〈収録曲目〉とてもシャンきもちシャン／このうたゆうき／おはながさいた／しまうまのかなしい／あめぷるるん／なにかいいことあった日は／音のつばさ／幸せのリズム／不思議なモダチ／もうじき卒業／はじめてのきみ〜こころの足し算〜／まちがみんなをすきなんだ／空のわすれもの／サヨナラの星

決定版！みんなでうたう卒業式の歌ベストセレクション
旅立ちの日に 〔同声版〕
作曲　坂本浩美、松井孝夫、若松歓、中山真理 他
B5判　80ページ　定価（本体1,600円+税）

卒業式でうたわれる歌をベストセレクト！
〈収録曲目〉旅立ちの日に〈2部〉／巣立ちの歌〈3部〉／仰げば尊し〈2部〉／BELIEVE〈2部〉／少年の日はいま〈2部〉／With You Smile〈2部〉／旅立ち〈2部〉／そのままの君で〈2部〉／この地球のどこかで〈2部〉／卒業のプラットホーム〈2部〉／きみに伝えたい〈2部〉／最後のチャイム〈2部〉／見えない翼〈2部〉／この星に生まれて〈2部〉／あなたにありがとう〈2部〉／未来を旅するハーモニー〈2部〉

小学生のための音楽劇・物語集

スーホの白い馬
魔界とぼくらの愛戦争
作詞・作曲　中山真理
B5判　48ページ　定価（本体1,400円+税）

歌・伴奏ともに取り組みやすく、短時間で音楽劇を体験できる。
〈収録曲目〉音楽劇「スーホの白い馬」―斉唱版＆合唱版―〈小学校低学年〜高学年用〉スーホの白い馬／ゆみやはうなりをたてて／かなしくてくやしくて
音楽劇「魔界とぼくらの愛戦争」―斉唱ないしは二部合唱―〈小学校中学年〜高学年用〉じゃんじゃん捨てよう／ゆっくりとじっくりと／どうせ地球なんて／おそすぎないうちに

手ぶくろを買いに
赤いろうそく
原作　新美南吉　作詞・作曲・台本　横山裕美子
B5判　56ページ　定価（本体1,500円+税）

小学校国語教材でおなじみの新美南吉の童話2作品を収録。
〈収録曲目〉「手ぶくろを買いに」―斉唱ないしは二部合唱―〈小学校低学年〜中学年用〉雪の野原／手ぶくろを買いに／町の灯／ぼうし屋さん／帰り道
「赤いろうそく」―斉唱ないしは二部合唱―〈小学校中学年〜高学年用〉花火ってなんだろう？／花火というものは／夢花火／火をつけよう／赤いろうそく

輪唱（カノン）

青島広志のすてきな輪唱
青島広志・安藤應次郎編
B5判　72ページ　定価（本体1,600円+税）

性別や年齢を問わず、誰でも楽しめる合唱導入用の輪唱曲から歌い応えのあるカノンまでを幅広くカバーした曲集。収録曲はすべて外国曲で、ヨーロッパの伝承歌と、ルネサンス期から20世紀にいたる作曲家の作品。訳詞は編者の青島広志・安藤應次郎による。
全141曲

中・高校生向け混声合唱曲集

若松歓　コーラスセレクション〔混声版〕
君とみた海
作曲　若松歓
B5判　80ページ　定価（本体2,200円+税）

中学、高校生向け混声3部合唱曲をセレクション！
〈収録曲目〉未来へと／この地球のどこかで／少年の日／今日は君のBirthday／瞳そらさずに／きっと笑顔で／桜の下で／夏の音がきこえる／輝くために／君とみた海／約束

決定版！みんなでうたう卒業式の歌ベストセレクション
旅立ちの日に 〔混声版〕
作曲　坂本浩美、松井孝夫、山崎朋子、鈴木行一 他
B5判　80ページ　定価（本体1,600円+税）

卒業式でうたわれる歌をベストセレクト！
〈収録曲目〉旅立ちの日に〈混3〉／この地球のどこかで〈混3〉／大地讃頌〈混4〉／君がいたから〈混3〉／きみに伝えたい〈混3〉／Oh My Friend〈混3〉／見えない翼〈混3〉／さくら〈混3〉／桜散る頃〜僕たちのLast Song〈混3〉／卒業〈2部〉／春に〈混3〉／決意〈混4〉／仰げば尊し〈混4〉／蛍の光〜卒業式のために〈混4〉

〒162-8716 東京都新宿区神楽坂6-30　音楽之友社　TEL.03(3235)2151 FAX.03(3235)2148(営業)　http://www.ongakunotomo.co.jp

☆ 音楽指導ブック 好評既刊 ☆

音楽之友社 音楽指導ブック

音楽の授業や指導の現場でストレートに役立つテーマ別"虎の巻"がずらり勢揃い

音楽科教育とICT
深見友紀子、小梨貴弘 著
B5判・並製・96頁　定価（本体2000円＋税）
ISBN978-4-276-32172-4

唱歌で学ぶ日本音楽（DVD付き）
日本音楽の教育と研究をつなぐ会 編著／徳丸吉彦 監修
B5判・並製・128頁　定価（本体3300円＋税）
ISBN978-4-276-32170-0

よくわかる日本音楽基礎講座 雅楽から民謡まで 増補・改訂版
福井昭史 著
B5判・並製・160頁　定価（本体2400円＋税）
ISBN978-4-276-32168-7

こなっしーの 低学年だからできる！楽しい音楽！
小梨貴弘 著
B5判・並製・80頁　定価（本体2000円＋税）
ISBN978-4-276-32171-7

歌う力を育てる！歌唱の授業づくりアイデア
丸山久代 著
B5判・並製・80頁　定価（本体2000円＋税）　ISBN978-4-276-32163-2

フレーズで覚える三味線入門
小塩さとみ 著
B5判・並製・88頁　定価（本体2400円＋税）　ISBN978-4-276-32173-1

授業のための合唱指導虎の巻
眞鍋淳一 著
B5判・並製・96頁　定価（本体2000円＋税）　ISBN978-4-276-32166-3

みんなが音楽を好きになる！やすしげ先生の楽しい合唱メソード（DVD付き）
田中安茂 著
B5判・並製・96頁　定価（本体3000円＋税）　ISBN978-4-276-32169-4

Q&Aと授業リポートで探る 音楽づくりの言葉がけ 表現意欲と思考を導くために
平野次郎 著
B5判・並製・96頁　定価（本体2000円＋税）　ISBN978-4-276-32162-5

こども・からだ・おんがく 髙倉先生の授業研究ノート（DVD付き）
髙倉弘光 著
B5判・並製・144頁　定価（本体3200円＋税）　ISBN978-4-276-32167-0

クラシック名曲のワケ 音楽授業に生かすアナリーゼ
野本由紀夫 著
B5判・並製・104頁　定価（本体2300円＋税）　ISBN978-4-276-32159-5

聴き合う耳と響き合う声を育てる合唱指導（DVD付き）
寺尾 正 著
B5判・並製・96頁　定価（本体3000円＋税）　ISBN978-4-276-32164-9

子どもが輝く歌の授業
眞鍋なな子 著
B5判・並製・96頁　定価（本体2000円＋税）　ISBN978-4-276-32158-8

リコーダー大好き！授業を助ける指導のポイント（CD付き）
千田鉄男 著
B5判・並製・104頁　定価（本体3200円＋税）　ISBN978-4-276-32150-2

白ひげ先生の 心に響く 歌唱指導の言葉がけ
蓮沼勇一 著
B5判・並製・112頁　定価（本体2200円＋税）　ISBN978-4-276-32157-1

日本伝統音楽カリキュラムと授業実践 生成の原理による音楽の授業
日本学校音楽教育実践学会 編
B5判・並製・116頁　定価（本体2800円＋税）　ISBN978-4-276-32165-6

お悩みポイッと撃退！かおるせんせの合唱塾
坂本かおる 著
B5判・並製・96頁　定価（本体2000円＋税）　ISBN978-4-276-32156-4

短時間でうまくなる合唱指導 迷わない！ためのアイデア
武田雅博 著
B5判・並製・136頁　定価（本体2400円＋税）　ISBN978-4-276-32147-2

授業のための日本の音楽・世界の音楽 世界の音楽編
島崎篤子、加藤富美子 著
B5判・並製・136頁　定価（本体3000円＋税）　ISBN978-4-276-32155-7

音楽科必携！歌ってたのしい！歌唱共通教材 指導のヒント
富澤 裕 著
B5判・並製・96頁　定価（本体2000円＋税）　ISBN978-4-276-32153-3

授業のための日本の音楽・世界の音楽 日本の音楽編
島崎篤子、加藤富美子 著
B5判・並製・136頁　定価（本体2400円＋税）　ISBN978-4-276-32154-0

歌唱・合唱指導のヒント こんなとき どうする？
富澤 裕 著
B5判・並製・112頁　定価（本体2200円＋税）　ISBN978-4-276-32143-4

ゼロからのチャレンジ はじめての合唱指導 わかりやすい理論とアイディア
椿野伸仁 著
B5判・並製・112頁　定価（本体2200円＋税）　ISBN978-4-276-32152-6

チャートでわかる！メンタルヘルスにいきる 教師の悩み相談室 子ども・保護者・同僚と「いい関係」をつくる
諸富祥彦 著
B5判・並製・112頁　定価（本体2000円＋税）　ISBN978-4-276-32151-9

〒162-8716 東京都新宿区神楽坂6-30　音楽之友社　TEL. 03 (3235) 2151　FAX. 03 (3235) 2148（営業）　http://www.ongakunotomo.co.jp/

※重版により、定価が変わる場合がございます。予め、ご了承ください。